AF705029

Montesquieu
Persische Briefe
Vom Geist der Gesetze

Montesquieu

Persische Briefe

Vom Geist der Gesetze

Mit Illustrationen von Franz Stassen

Herausgegeben von Erich Meyer

Anaconda

Der Text folgt der Ausgabe Montesquieu: *Auswahl aus seinen Schriften.* Hrsg. v. E. Meyer. Stuttgart: Greiner und Pfeiffer [1904]. Orthografie und Interpunktion wurden auf neue Rechtschreibung umgestellt.

MIX
Papier aus verantwortungsvollen Quellen
FSC® C083411

Penguin Random House Verlagsgruppe FSC® N001967

Die Deutsche Nationalbibliothek verzeichnet diese Publikation in der Deutschen Nationalbibliografie; detaillierte bibliografische Daten sind im Internet unter http://dnb.d-nb.de abrufbar.

© 2021 by Anaconda Verlag, einem Unternehmen
der Penguin Random House Verlagsgruppe GmbH,
Neumarkter Straße 28, 81673 München
Alle Rechte vorbehalten.
Umschlagmotiv: Carpet design (w/c on Paper), English School (20th century) © Museum of Carpet / © The Carpet Museum Trust / Bridgeman Images
Umschlaggestaltung: Druckfrei. Dagmar Herrmann, Bad Honnef
Satz und Layout: www.paque.de
Druck und Bindung: CPI books, Leck
ISBN 978-3-7306-1043-5
www.anacondaverlag.de

Inhalt

Persische Briefe

Von dem Geist der Gesetze

Persische Briefe

1721

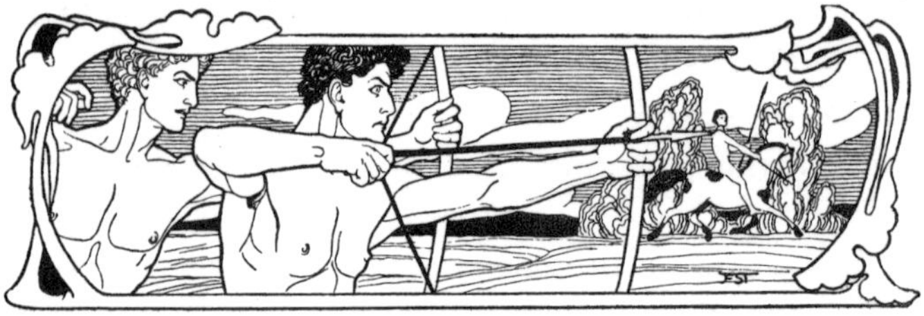

Religion

Brief 24. (Der erste aus Paris.) Rica an Ibben, Smyrna

Wir sind seit einem Monat in Paris und sind in einer ununterbrochenen Unruhe gewesen. Was für Umstände, bis man eine Wohnung hat, bis man die Leute aufgefunden hat, denen man empfohlen ist, und bis man alles Notwendige beieinanderhat!

Paris ist so groß wie Isfahan, seine Häuser sind so hoch, als wenn lauter Sterngucker darin wohnten. Du kannst Dir vorstellen, dass eine Stadt, die so in die Luft hinaufgebaut ist, wo immer sechs oder sieben Häuser übereinanderstehen, außerordentlich stark bevölkert ist, und wenn sich alle Leute auf die Straße begeben, ein schönes Gewirr herrscht.

Vielleicht glaubst Du's mir nicht: aber in dem Monat, den ich nun hier bin, habe ich noch niemand gehen sehen. Es gibt kein Volk auf der Welt, das seine Bewegungsorgane besser ausnützt als die Franzosen. Sie laufen, sie stiegen! Die langsamen Wagen des Orients, der gleichmäßige Schritt unserer Kamele würde sie in Krämpfe fallen lassen. Ich, der ich für solch langsames Tempo geschaffen bin und der ich oft zu Fuß gehe, ohne meine gewohnte Langsamkeit zu beschleunigen, werde manchmal rasend wie ein Christ. Es mag noch hingehen, dass man mich vom Kopf bis zu den Füßen vollspritzt, aber die Ellenbogenstöße, die ich mit zuverlässiger Regelmäßigkeit bekomme, kann ich den Parisern nicht verzeihen.

Der König von Frankreich ist der mächtigste Fürst von Europa. Er hat keine Goldminen wie sein Nachbar, der König von Spanien, aber seine Reichtümer sind größer, weil er sie aus der Eitelkeit seiner Untertanen zieht, die unerschöpflicher ist als Bergwerke. Man hat es erlebt, dass er Kriege unternahm, ohne andere Hilfsquellen zu besitzen als den Verkauf von Titeln, und durch eine Wunderwirkung der menschlichen Eitelkeit waren seine Truppen bezahlt, seine Festungen gerüstet, seine Flotten ausgestattet.

Übrigens ist der König ein großer Zauberer. Sogar über den Geist seiner Untertanen übt er seine Herrschaft und zwingt sie zu denken, wie er will. Wenn er nur eine Million in seinem Schatz, zwei aber nötig hat, braucht er ihnen nur zu sagen, dass ein Taler zwei wert sei, und sie glauben es. Wenn er einen schwierigen Krieg zu führen, aber kein Geld hat, braucht er ihnen nur vorzureden, dass Papier Geld sei, und sie sind alsbald davon überzeugt. Er vermag ihnen sogar einzureden, dass er sie von allen Übeln nur durch seine Berührung heilt, so groß ist seine Gewalt über ihre Seelen.

Was ich von diesem Fürsten sage, darf Dich nicht wundern. Es gibt einen zweiten Zauberer, der noch mächtiger ist als er, der über seine Seele dieselbe Macht ausübt wie er über die der anderen. Dieser Zauberer heißt der Papst: Bald redet er ihm vor, dass drei nur eins sei, dass das Brot, das man isst, kein Brot, und der Wein, den man trinkt, kein Wein sei, und tausend andere derartige Dinge.

Und um sie immer in Atem zu halten und sie die Gewöhnung des blinden Glaubens nicht verlieren zu lassen, gibt er ihnen, um sie in Übung zu halten, von Zeit zu Zeit gewisse neue Glaubensartikel. So schickte er ihnen vor zwei Jahren ein großes Schriftstück, das er Konstitution nannte, und wollte diesen Herrscher und seine Untertanen unter Androhung großer Strafen zwingen, alles, was darin enthalten war, zu glauben. Gegenüber dem Herrscher gelang ihm das. Dieser unterwarf sich und gab damit seinen Untertanen ein Beispiel. Aber einige von diesen empörten sich und sagten, sie wollten nichts von dem Inhalt dieser Schrift glauben. Die Frauen gaben den Anstoß zu dieser Empörung, die den Hof, das Reich und das ganze Land in zwei Lager teilt. Diese Konstitution verbietet den Frauen, ein Buch zu lesen, das nach Auffassung aller Christen ihnen vom Himmel herab gebracht worden, also genau gesprochen ihr Koran ist. Über diese ihrem Geschlecht zugefügte Kränkung waren die Frauen empört und erhoben sich gegen die Konstitution. Sie haben die Männer auf ihre Seite gebracht, die bei dieser Gelegenheit einmal kein Vorrecht vor ihnen haben wollten. Doch muss man zugestehen, dass dieser Mufti (der Papst) gar nicht so unrecht hat, und – beim großen Ali! – er muss das aus unseren Gesetzen entnommen haben. Denn da die Frauen ihrer Erschaffung nach eine Stufe unter uns stehen und unsere Propheten uns sagen, dass sie nicht ins Paradies kommen, was sollen sie da auch ein Buch lesen, das nur geschrieben ist, um den Weg nach dem Paradies zu zeigen?

Ich habe vom König ganz wunderbare Dinge erzählen hören, und ich zweifle nicht, dass Du schwanken wirst, sie zu glauben. Man sagt, dass, als er gegen seine Nachbarn Krieg führte, die sich alle gegen ihn verbündet hatten, in seinem Reich eine Einzahl unsichtbarer Feinde existierte, die ihn umgaben (die Jansenisten). Man fügt hinzu, dass er sie seit dreißig Jahren sucht und dass trotz des unermüdlichen Eifers einiger sein Vertrauen genießender Derwische (der Jesuiten) er noch nicht einen einzigen hat finden können. Sie leben mit ihm, sie sind an seinem Hof, in seiner Hauptstadt, in seinem Heer, in seinen Gerichtshöfen, und doch, sagt man, wird er den Kummer haben, sterben zu müssen, ohne sie entdeckt zu haben. Man möchte sagen, dass sie nur im Allgemeinen, nicht im Besonderen existieren, sie sind ein Körper, keine Glieder. Ohne Zweifel will der Himmel diesen Fürsten dafür strafen, dass er nicht maßvoll gegen seine von ihm besiegten Feinde gewesen ist; so gibt er ihm unsichtbare, deren Genie und Schicksal dem seinen überlegen ist.

Brief 29. Rica an Ibben, Smyrna

Der Papst ist das Haupt der Christenheit. Er ist ein altes Idol, das man aus Gewohnheit beweihräuchert. Früher war er selbst den Fürsten gefährlich, denn er setzte sie ebenso ab, wie unsere erhabenen Sultane die Könige von Irimetta und Georgien absetzen. Er nennt sich den Erben eines der ersten Christen, der Sankt Peter hieß, und es handelt sich allerdings um eine reiche Erbschaft, denn er hat unendliche Schätze und ein großes Land unter seiner Herrschaft.

Die Bischöfe sind ihm untergeordnete Autoritäten. Unter seiner Aufsicht haben sie zwei sehr verschiedene Aufgaben zu erfüllen. Wenn sie versammelt sind, machen sie, wie er, Glaubenssätze. Wenn sie getrennt sind, haben sie kaum eine andere Aufgabe, als von der Erfüllung des Gesetzes Dispens zu erteilen. Denn Du musst wissen, dass die christliche Religion mit einer unendlichen Menge sehr schwer erfüllbarer Forderungen beladen ist, und da man gemeint hat, dass es weniger leicht ist, seine Pflichten zu erfüllen, als Bischöfe zu haben, die davon Dispens erteilen, hat man im Interesse des öffentlichen Nutzens diesen letzteren Ausweg ergriffen. Will man daher den Ramadan (den Fastenmonat) nicht innehalten, will man sich den Formalitäten der Eheschließung nicht unterwerfen, will man ein Gelübde brechen, will man unter Missachtung der gesetzlichen Einschränkungen heiraten, manchmal sogar wenn man seinen Eid brechen will, braucht man nur zum Papst oder zum Bischof zu gehen, der dann Dispens erteilt.

Die Bischöfe machen übrigens die Glaubensartikel nicht selbst. Es gibt eine Anzahl von Doktoren, meistens Derwische (d.h. Jesuiten), die unter sich tausend neue Fragen über die Religion aufstellen. Man lässt sie streiten, und der Krieg dauert so lange, bis ein Entscheid ihn beendet.

So kann ich Dir auch versichern, dass es nie ein Reich gegeben hat, wo so viel Bürgerkriege getobt haben wie in Christi Reich.

Die, welche irgendeine neue religiöse Auffassung ans Licht bringen, werden zuerst »Ketzer« genannt. Jede Ketzerei hat ihren besonderen Namen, der für ihre Anhänger gleichsam eine Art Parole bildet. Aber man ist nicht so ohne Weiteres Ketzer: Man braucht sich nur über den Streitpunkt zu einigen und denen, die die Anklage auf Ketzerei erheben, eine Definition zu geben, und was das auch für eine Definition ist, verständlich oder nicht, so macht sie ihren Mann weiß wie Schnee, und man darf dann hingehen und sich »orthodox« nennen.

Was ich Dir sage, stimmt für Frankreich und Deutschland. In Spanien, so habe ich sagen hören, gibt es gewisse Derwische (die Jesuiten), die keinen Spaß verstehen und die einen Menschen wie Stroh verbrennen. Wenn man in die Hände dieser Leute fällt – glücklich der, der immer zu Gott gebetet hat mit kleinen aufgereihten Holzperlen in der Hand, der zwei mit zwei Bändern zusammengeknüpfte Tuchstücke (d.h. ein Skapulier, wie die Mönche es trugen) bei sich getragen hat und der manchmal in einer Provinz gewesen ist, die man Galizien nennt (d.h. der eine Wallfahrt zu dem angeblichen Grab des Apostels Jakobus in Santiago de Compostela gemacht hat). Ohne das ist ein armer Teufel recht in Verlegenheit. Wenn er auch so aufrichtig schwören würde wie ein Heide, dass er rechtgläubig sei, würde man dennoch an seiner Vollwertigkeit zweifeln und ihn als Ketzer verbrennen.

Brief 46. Usbek an Rhedi, Venedig

Ich sehe hier Leute, die ohne Aufhören über die Religion disputieren. Aber es scheint, dass sie gleichzeitig darin wetteifern, wer in ihr am lässigsten zu sein vermöge.

Sie – diese Leute – sind nicht allein keine besseren Christen als die anderen, sie sind nicht einmal bessere Bürger, und das geht mir nahe. Denn in welcher Religion man auch leben mag, der Gehorsam gegen die Gesetze, die Liebe zu seinen Mitmenschen, die Liebe gegenüber seinen Verwandten machen immer die Grundlage jeglicher Religion aus.

Muss denn nicht tatsächlich eines jeden religiösen Menschen erste Pflicht sein, der Gottheit, die seine Religion gegründet hat, zu gefallen? Aber das sicherste Mittel, um das zu erreichen, besteht doch zweifellos darin, dass man die Bestimmungen der Gesellschaft und die Pflichten der Humanität erfüllt. Denn gleichviel in welcher Religion man lebt, man muss, sobald man eine gelten lässt, auch annehmen, dass Gott die Menschen liebt, da er eine Religion begründete, um sie glücklich zu machen; man muss ferner annehmen, dass, wenn er die Menschen liebt, man sicher ist, ihm zu gefallen, wenn man sie gleichfalls liebt, d.h. wenn man ihnen gegenüber alle Pflichten der Mildtätigkeit und Menschlichkeit erfüllt und die Gesetze nicht verletzt, unter denen sie leben.

Dadurch kann man Gott viel sicherer gefallen, als wenn man diese oder jene Zeremonie beobachtet. Denn die Zeremonien an sich haben keinen absoluten Wert. Sie sind gut nur insofern, als Gott sie angeordnet hat. Aber das ist eine schwierige Streitfrage, und man kann sich in ihr leicht irren, denn man muss die Zeremonien einer Religion unter denen von zweitausend auswählen.

Ein Mensch betete alle Tage zu Gott: »Herr, ich verstehe nichts von den Streitereien, die man unaufhörlich über dich erhebt. Ich möchte dir gern nach deinem Willen dienen, doch jeder, den ich befrage, verlangt, dass ich es nach seinem tun soll. Wenn ich bete, weiß ich nicht, in welcher Sprache ich es tun soll. Ich weiß auch nicht, welche Haltung ich annehmen soll: Der eine sagt, ich müsse stehend zu dir beten, der andere will, dass ich sitzen soll, der Dritte verlangt, dass ich knie. Das ist noch nicht alles. Manche behaupten, dass ich mich alle Morgen mit kaltem Wasser waschen soll; andere behaupten, dass du mich mit Abscheu ansehen wirst, wenn ich mir nicht ein bestimmtes Stückchen Fleisch abschneiden lasse. Neulich begegnete es mir, dass ich in einem Gasthaus ein Kaninchen verzehrte: Drei Männer, die sich in der Nähe befanden, jagten mir einen großen Schrecken ein. Sie behaupteten alle drei, dass ich dich schwer gekränkt hätte: der eine – ein Jude –, weil dies Tier unrein wäre; der andere – ein Türke –, weil es erstickt wäre; der dritte – ein Armenier –, weil es kein Fisch wäre. Ein Brahmane, der vorbeikam und den ich zum Richter nahm, sagte mir: ›Die andern haben unrecht. Denn ersichtlich hast du das Tier nicht selbst getötet!‹ – ›Doch!‹, erwiderte ich. ›Ach, dann hast du eine verabscheuenswürdige Tat begangen, die Gott dir nie vergeben wird‹, sagte er mit strengem Ausdruck zu mir. ›Was weißt du, ob nicht deines Vaters Seele in dies Tier übergegangen war?‹ Alle diese Dinge, Herr, bringen mich in unbeschreibliche Verlegenheit. Ich kann nicht den Kopf drehen, ohne in Gefahr zu geraten, dich zu kränken. Und doch möchte ich dir wohl gefallen und dazu das Leben brauchen, das ich von dir habe. Ich weiß nicht, ob ich mich täusche, aber es scheint mir, dass das beste Mittel, um zu diesem Ziel zu gelangen, ist, als ein guter Bürger innerhalb der Gesellschaft zu leben, in die du mich durch meine Geburt versetzt, und als guter Vater in der Familie, die du mir gegeben hast!«

Brief 75. Usbek an Rhedi, Venedig

Ich muss Dir gestehen, ich habe bei den Christen nicht die lebhafte Überzeugung von der Richtigkeit ihrer Religion beobachtet, die sich bei den Muselmanen findet. Es ist ein weiter Weg bei ihnen von dem Bekenntnis zum Glauben, vom Glauben zur inneren Überzeugung, von der Überzeugung zur Ausübung. Die Religion ist ihnen weniger ein Gegenstand der Heiligung als ein Gegenstand des Wortstreites für jedermann. Die Hofgesellschaft, die Offiziere, sogar Frauen erheben sich gegen die Vertreter der Kirche und verlangen, dass sie ihnen beweisen sollen, was sie doch von vornherein entschlossen sind, nicht zu glauben. Nicht als ob sie sich aus überlegten Gründen entschieden oder die Mühe gegeben hätten, die Wahrheit oder die Irrigkeit der Religion zu prüfen, die sie verwerfen. Es sind Rebellen, die das Joch gedrückt hat und die es abgeschüttelt haben, ehe sie es recht kannten. Folglich sind sie auch in ihrem Unglauben nicht fester, als sie in ihrem Glauben waren. Sie leben in einem Hin und Her zwischen beiden. Einer von ihnen sagte neulich zu mir: »An die Unsterblichkeit der Seele glaube ich halbjahrweise. Meine Meinungen hängen ganz und gar von meinem körperlichen Befinden ab: Je nachdem ich mehr oder weniger stark animalische Bedürfnisse habe oder mein Magen mehr oder weniger gut verdaut oder die Luft, die ich atme, schwerer oder leichter ist, die Fleischarten, von denen ich mich nähre, leichter oder schwerer sind, je nachdem bin ich Spinozist, Sozianer, Katholik, gottlos oder fromm. Sitzt der Arzt an meinem Bett, hat mein Beichtiger leichte Arbeit. Ich weiß es zu verhindern, dass die Religion mir unbequem wird, solange ich mich gesund fühle. Aber ich gestatte ihr, mich zu trösten, wenn ich krank bin: Wenn ich von der einen Seite nichts mehr zu hoffen habe, gewinnt mich die Religion durch ihre Verheißungen. Es ist mir dann schon recht, mich ihr hinzugeben und in ihren Hoffnungen zu sterben.«

Schon vor langer Zeit ließen die christlichen Fürsten alle Sklaven ihrer Länder frei, weil, wie sie sagten, das Christentum alle Menschen gleichmacht. Allerdings war diese fromme Handlung für sie zugleich von großem materiellen Nutzen: Sie beugten dadurch die großen Herren, deren Macht sie das niedere Volk entzogen. Dann haben sie Eroberungen gemacht in Ländern, wo, wie sie einsahen, die Aufrechterhaltung der Sklaverei ihnen Nutzen versprach. Da gaben sie wieder Erlaubnis zum Sklavenhandel und vergaßen die Grundsätze ihrer Religion, die ihnen angeblich so am Herzen lagen. Was soll ich Dir sagen? Wahrheit heute, morgen Irrtum! Warum machen wir's nicht wie die Christen? Wir Perser sind eigentlich recht töricht, Kolonien und Eroberungen unter glücklicheren Himmelsstrichen abzuweisen, weil dort das Wasser angeblich nicht rein genug ist, um uns darin nach den Vorschriften des Korans zu waschen.

Ich danke Gott dem Allmächtigen, der Ali, seinen großen Propheten, gesandt hat, dafür, dass ich mich zu einer Religion bekenne, die sich höher stellt als alle irdischen Interessen und rein ist wie der Himmel, von dem sie kam.

Brief 83. Usbek an Rhedi, Venedig

Wenn es einen Gott gibt, mein lieber Rhedi, dann muss er notwendigerweise gerecht sein. Denn wenn er das nicht wäre, würde er das schlechteste und unvollkommenste aller Wesen sein.

Die Gerechtigkeit ist ein auf Übereinkunft beruhendes Verhältnis, das wirklich zwischen zwei Dingen besteht. Dies Verhältnis ist immer dasselbe, von welchem Standpunkt aus man es auch betrachtet, von dem Gottes, dem eines Engels oder schließlich dem eines Menschen.

Allerdings sehen die Menschen diese Verknüpfung der Dinge nicht immer. Oft sogar, wenn sie sie sehen, kümmern sie sich nicht darum, und ihr eigener Vorteil ist immer das, was sie am deutlichsten sehen. Die Gerechtigkeit erhebt wohl ihre Stimme, aber es wird ihr schwer, sich in dem Lärm der Leidenschaften Gehör zu verschaffen.

Die Menschen können Ungerechtigkeiten begehen, weil sie ein Interesse daran haben, sie zu begehen, und ihre eigene Befriedigung der Beglückung anderer vorziehen. Stets handeln sie aus irgendeiner Rücksicht auf sich selbst: Um der Sache selbst willen allein ist niemand schlecht. Ein Grund, der sie bestimmt, muss vorhanden sein, und der liegt immer in irgendeinem selbstsüchtigen Interesse.

Dass aber Gott etwas Ungerechtes tut, ist nicht möglich. Vorausgesetzt, dass er das Gerechte erkennt, muss er es auch notwendigerweise tun. Denn da er für sich keine Bedürfnisse hat und sich selbst genügt, würde er das schlechteste aller Wesen sein, weil er es ohne eine materielle Rücksicht wäre.

Also, wenn es keinen Gott gäbe, müssten wir immer doch die Gerechtigkeit lieben, d.h. alle unsere Kräfte sammeln, um jenem Wesen zu gleichen, von dem wir eine so vornehme Vorstellung haben und das, wenn es existierte, notwendigerweise gerecht sein müsste. Frei von dem Joch der Religion, wie wir es sein würden, dürften wir es nicht von dem der Gerechtigkeit sein.

Das, lieber Rhedi, hat mich auf den Gedanken geführt, dass die Gerechtigkeit ewig ist und nicht von menschlichen Satzungen abhängt. Und wenn sie davon abhinge, wäre das eine entsetzliche Tatsache, die man sich gar nicht eingestehen dürfte.

Wir sind von Menschen umringt, die stärker sind als wir. Sie können uns auf tausend verschiedene Arten schaden. Dreimal von viermal können sie es ungestraft tun: Welche Beruhigung für uns, zu wissen, dass es im Herzen aller dieser Menschen ein Prinzip gibt, das zu unseren Gunsten eintritt und uns gegen ihre bösen Absichten deckt!

Ohne das müssten wir in einer unaufhörlichen Angst sein. Wir würden an unsern Mitmenschen vorbeigehen wie an wilden Tieren und wir würden uns nicht einen Augenblick unseres Besitzes sicher fühlen, noch unserer Ehre, noch unseres Lebens.

Alle diese Erwägungen bringen mich gegen jene Gelehrten auf, die Gott als ein Wesen hinstellen, das von seiner Macht einen tyrannischen Gebrauch macht; die ihn in einer Weise handeln lassen, in der wir selbst nicht handeln möchten aus Besorgnis, ihn zu kränken; die ihn mit all den Unvollkommenheiten belasten, die er in uns straft, und die ihn in ihren widerspruchsvollen Äußerungen bald als ein böses Wesen darstellen, bald als eins, das das Böse hasst und straft.

Welche Genugtuung für den sich einer Selbstprüfung unterziehenden Menschen, wenn er sein Herz von Gerechtigkeitsliebe erfüllt findet! Diese Freude, so ernst sie ist, muss überwältigend sein. Er sieht sich ebenso hoch über denen, die nicht so sind, wie er über Tigern und Bären steht. Ja, Rhedi, wenn ich gewiss wäre, stets dieser Gerechtigkeit zu folgen, die mir so deutlich vor Augen steht, würde ich mich für den Ersten aller Menschen halten.

Brief 85. Usbek an Mirza, Isfahan

Du weißt, Mirza, dass einige Minister von Cha-Soliman den Plan gefasst hatten, alle Armenier in Persien zu zwingen, entweder das Königreich zu verlassen oder Mohammedaner zu werden, indem sie meinten, dass unser Reich immer befleckt sein würde, solange es diese Ungläubigen in seinem Schoß behalten würde.

Es wäre um die Größe Persiens geschehen gewesen, wenn der blinde Fanatismus bei dieser Gelegenheit die Oberhand behalten hätte.

Man weiß nicht, warum die Sache misslang. Weder die, welche den Vorschlag gemacht hatten, noch ihre Gegner hatten Gelegenheit, seine Folgen kennenzulernen. Der Zufall besorgte die Geschäfte der Vernunft und der Politik und rettete das Reich vor einer Gefahr, die größer war als irgend der Verlust einer Schlacht oder die Einbuße zweier Städte.

Durch die Proskription der Armenier fürchtete man, an einem Tag alle Großkaufleute und fast alle Handwerker des Reiches zu vernichten. Ich bin sicher, dass der große Cha-Abas es vorgezogen hätte, sich beide Arme abzuschneiden, als solchen Erlass zu unterzeichnen. Er hätte gemeint, wenn er seine arbeitsamsten Untertanen dem Mogul und den andern indischen Königen zutriebe, diesen die Hälfte seines Reiches zu schenken.

Die Verfolgungen, denen unsere eifrigen Mohammedaner die Parsen ausgesetzt haben, zwangen sie, massenhaft nach Indien auszuwandern, und beraubten Persien dieses Volkes, das so eifrig im Ackerbau und allein imstande war, durch seinen Fleiß die Unfruchtbarkeit unseres Bodens auszugleichen.

Es blieb dem Fanatismus noch ein zweiter Vorstoß auszuführen, nämlich die Industrie zu vernichten, das beste Mittel, um das Reich völlig niederzuwerfen und mit ihm ebendieselbe Religion, der man zur Blüte und Macht verhelfen wollte.

Wenn man ohne vorgefasste Meinung an die Frage herantreten will, lieber Mirza, dann weiß ich nicht, ob es nicht ein Segen ist, wenn in einem Reich mehrere Religionen vorhanden sind.

Man macht die Beobachtung, dass die Anhänger geduldeter Religionen sich gewöhnlich ihrem Vaterland nützlicher erweisen als die Anhänger der herrschenden. Denn von den Ehrenstellen ausgeschlossen, können sie sich nur durch ihren Reichtum auszeichnen und sind somit darauf angewiesen, solchen durch emsige Arbeit zu erwerben und sich in den mühseligsten Erwerbszweigen zu betätigen.

Da übrigens alle Religionen ohne Unterschied sozial wertvolle Vorschriften enthalten, ist es gut, wenn sie eifrig gepflegt werden. Welch besseres Mittel gibt es nun aber, um diesen Eifer anzustacheln, als wenn die Vielheit der Religionen ihn zum Wetteifer wandelt?

Das sind Rivalen, die sich nichts nachsehen! Die Eifersucht bemächtigt sich jedes Einzelnen, jeder ist auf seiner Hut und scheut sich, Dinge zu tun, die seine Partei schädigen und sie der Verachtung oder unerbittlichen Verurteilung der Gegenpartei aussetzen könnten.

So hat man auch beobachtet, dass die Einführung einer neuen Sekte in einem Staat das sicherste Mittel ist, um alle Missbräuche der alten zu beheben.

Was will die Behauptung besagen, es sei nicht im Interesse eines Fürsten, mehrere Religionen in seinem Land zu dulden? Wenn sich alle Sekten der Welt darin sammelten, würde ihm das keinen Schaden tun, weil es keine gibt, die nicht den Gehorsam vorschreibt und nicht die Unterwürfigkeit predigt.

Ich gebe zu, dass die Geschichte voll ist von Religionskriegen. Aber man hüte sich zu glauben, dass die Vielheit der Religionen diese Kriege hervorgerufen habe! Das war vielmehr immer der Geist der Unduldsamkeit, von dem die sich für herrschend haltende erfüllt war. Das war jener Trieb des Proselytentums, den die Juden von den Ägyptern übernommen haben und der von ihnen wie eine Volkskrankheit auf die Mohammedaner und die Christen übergegangen ist. Das war endlich jener Schwindelgeist, dessen Umsichgreifen nur als eine gänzliche Verdunkelung der menschlichen Vernunft betrachtet werden kann.

Denn schließlich, wenn selbst in der Beunruhigung fremder Gewissen keine Unmenschlichkeit läge, wenn selbst keine der zu Tausend daraus hervorkeimenden schlechten Folgen einträte, eins kann niemand übersehen, wenn er anders bei gesundem Verstand ist: Wer mich zu einem Religionswechsel veranlassen will, tut es sicherlich nicht, weil er selbst einem solchen Versuch nachgeben würde. Er findet es also sonderbar, dass ich nicht etwas tun mag, was er selbst vielleicht für alle Königreiche der Erde nicht tun würde.

Brief 35. Usbek an Gemchid, seinen Vetter, Derwisch in dem erhabenen Kloster von Tauris

Was denkst Du von den Christen, erhabener Derwisch? Glaubst Du, dass es ihnen am jüngsten Tag so gehen wird wie den ungläubigen Türken, die den Juden als Esel dienen werden, um sie im Galopp in die Hölle zu tragen? Ich weiß wohl, dass sie nicht an den Aufenthaltsort der Propheten kommen werden und dass der große Ali nicht für sie erschienen ist. Aber glaubst Du, dass sie, weil sie bedauerlicherweise keine Moscheen im Land haben, zu ewigen Strafen verurteilt sein werden, dass Gott sie strafen wird, weil sie eine Religion nicht angenommen haben, die er ihnen gar nicht offenbart hat? Ich kann Dir sagen, ich habe diese Christen oft prüfend ausgeforscht, ob sie von dem großen Ali, dem herrlichsten aller Menschen, eine Vorstellung hätten: Ich habe gefunden, dass sie nie von ihm haben reden hören.

Sie gleichen nicht jenen Ungläubigen, die unsere Propheten über die Klinge springen ließen, weil sie sich weigerten, an die Wunder des Himmels zu glauben. Sie sind vielmehr wie jene Unglücklichen, die im Dunkel des Götzendienstes dahinlebten, ehe das göttliche Licht das Antlitz unseres großen Propheten erleuchtete.

Übrigens findet man bei genauerer Prüfung auch in ihrer Religion gleichsam Keime unserer Dogmen. Ich habe oft die geheimen Absichten der göttlichen Vorsehung bewundert, die auf diese Weise der allgemeinen Bekehrung zum Islam den Weg bereiten wollte. Ich habe von einem Buch ihrer Gelehrten, »Die triumphierende Vielweiberei« betitelt, reden hören, in dem bewiesen sei, dass den Christen die Vielweiberei anbefohlen ist. Ihre Taufe ist das Abbild unserer vorgeschriebenen Waschungen, und die Christen irren sich nur hinsichtlich der Wirksamkeit, die sie dieser ersten Waschung geben: Sie soll nach ihrer Ansicht alle anderen ersetzen. Ihre Priester und ihre Mönche beten wie unsere siebenmal am Tag. Sie hoffen auf ein Paradies, wo sie durch eine Auferstehung des Körpers tausend Freuden genießen werden. Wie wir haben sie festgesetzte Fasten, Kasteiungen, mit denen sie das göttliche Erbarmen zu erweichen hoffen. Sie verehren die guten Engel und misstrauen den bösen. Sie haben eine heilige Gläubigkeit für die Wunder, die Gott durch das Werkzeug seiner Diener vollbringt. Sie erkennen wie wir die Unzulänglichkeit ihrer eigenen Verdienste an und dass sie eines Sachwalters vor Gott bedürfen. Überall finde ich den Mohammedanismus, obschon ich Mohammed selbst nicht sehe. Was hilft es: Die Wahrheit macht sich doch immer Bahn und durchbricht die Schatten, die sie umhüllen. Ein Tag wird kommen, wo der Ewige auf Erden nur noch Gläubige sehen wird. Die Zeit, die alles verzehrt, wird auch die religiösen Irrtümer vernichten. Alle Menschen werden erstaunt sein, sich unter demselben Banner zusammenzufinden. Alles, auch das Gesetz, wird erfüllt sein, und seine göttlichen Niederschriften werden aufgehoben werden von Erden, um im himmlischen Archiv niedergelegt zu werden.

Brief 125. Rica an †††

In allen Religionen ist man in Verlegenheit, wenn es sich darum handelt, eine Vorstellung von den Freuden zu geben, die der Menschen harren, die tugendhaft gelebt haben. Die Bösen schreckt man leicht durch eine lange Aufzählung der Strafen, die ihnen drohen. Aber was die Guten betrifft, weiß man nicht recht, was man ihnen versprechen soll. Es scheint in der Natur der Freuden zu liegen, dass sie von kurzer Dauer sind. Der Einbildungskraft fällt es schwer, sich andere vorzustellen.

Ich habe Beschreibungen vom Paradies gesehen, die allen vernünftigen Leuten den Geschmack daran verderben könnten: Die einen lassen diese glückseligen Schatten den ganzen Tag Flöte spielen, andere verdammen sie zu der Qual, in alle Ewigkeit spazieren zu wandeln; andere endlich, die sie da droben von ihren Geliebten hier auf Erden träumen lassen, haben nicht bedacht, dass hundert Millionen Jahre lang genug sind, um ihnen den Gefallen an diesen verliebten Gedanken gründlich zu benehmen.

Ich entsinne mich bei dieser Gelegenheit einer Geschichte, die ein Mann erzählte, der im Land des Moguls gewesen war. Sie zeigt, dass die indischen Priester in den Vorstellungen, die sie von den Freuden des Paradieses haben, nicht minder unfruchtbar sind als die andern.

(Es folgt die Geschichte einer jung verwitweten Inderin, die sich nach altgeheiligter Sitte verbrennen lassen will. Ein Bonze bestärkt sie in diesem Beschluss, indem er ihr das Paradies verheißt. Als dessen höchste Freude weiß er aber nur anzuführen, dass sie dort ihren Mann wiederfinden und mit ihm von Neuem eine Ehe eingehen wird. Da ruft sie aus: »Was sagst du? Ich soll meinen Mann wiederfinden? Ach, dann verbrenne ich mich nicht! Er war eifersüchtig, grämlich und übrigens so alt, dass, wenn Brahma ihn nicht umgestaltet hat, er meiner nicht bedarf … Wenn Brahma mir weiter nichts anzubieten hat, verzichte ich auf diese Glückseligkeit.«)

Brief 57. Usbek an Rhedi, Venedig

Die Lebemänner unterhalten hier eine Unzahl von Freudenmädchen und die Frommen eine unendliche Zahl von Derwischen. Diese Derwische tun drei Gelübde: Gehorsam, Armut und Keuschheit. Man sagt, das erste hielten sie am besten. Vom zweiten kann ich Dir verbürgen, dass es nicht gehalten wird. Über das dritte – das magst Du Dir selbst denken.

Aber so reich diese Derwische auch sind, sie verzichten nicht auf die Bezeichnung als Arme. Eher würde unser ruhmreicher Sultan auf seine stolzen und erhabenen Titel verzichten. Und sie haben recht: Dieser Titel »Arme« bewahrt sie davor, arm zu sein.

Die Ärzte und einige dieser Derwische, die man Beichtväter nennt, sind hier immer entweder zu sehr geachtet oder zu sehr missachtet. Indessen sagt man, dass die Erben sich eher mit den Ärzten als mit den Beichtvätern zu stellen wissen.

Neulich war ich in einem Kloster dieser Derwische. Einer unter ihnen, verehrungswürdig anzuschauen mit seinen weißen Haaren, empfing mich sehr liebenswürdig. Er zeigte mir das ganze Haus. Dann gingen wir in den Garten und hatten da folgende Unterhaltung.

»Mein Vater«, sagte ich zu ihm, »welche Beschäftigung haben Sie in der Gemeinde?«

»Mein Herr«, antwortete er mir, und seine Miene drückte große Befriedigung über meine Frage aus, »ich bin Kasuist.«

»Kasuist? Seit ich in Frankreich bin, habe ich von diesem Amt noch nicht reden hören.«

»Was, Sie wissen nicht, was ein Kasuist ist? Nun, dann will ich Ihnen eine Vorstellung davon geben, die nichts zu wünschen übrig lässt. Es gibt zwei Arten von Sünden: Todsünden, die durchaus vom Paradies ausschließen, und verzeihliche Sünden, die den lieben Gott zwar auch kränken, aber nicht so sehr, dass er uns deshalb die Seligkeit vorenthielte. Nun besteht unsere ganze Kunst darin, diese beiden Sorten Sünde gut zu unterscheiden. Denn mit Ausnahme einiger Wüstlinge wollen alle Christen ins Paradies kommen, doch möchte es jeder auch so billig wie möglich verdienen. Wenn man nun die Todsünden genau kennt, versucht man, sie nicht zu begehen, und erreicht so seinen Zweck. Es gibt nun auch Menschen, die nach einer so großen Vollkommenheit nicht streben, und da sie keinen Ehrgeiz besitzen, beanspruchen sie auch nicht gerade die ersten Plätze. So genügt es ihnen denn auch, wenn sie grade noch ins Paradies kommen. Wenn sie nur drin sind! Ihr Ziel ist, nicht mehr und nicht weniger zu tun! Das sind Leute, die den Himmel grade noch erschnappen und die zum Herrgott sagen: Herr, ich habe die Bedingungen vorschriftsmäßig erfüllt, du kannst nicht umhin, deine Versprechungen zu erfüllen. Da ich nicht mehr getan habe, als du verlangst, erlasse ich dir auch, mehr zu geben, als du mir versprochen hast. Wir sind also sehr notwendige Menschen, mein werter Herr. Doch ist das noch nicht alles. Ich werde Ihnen noch ganz etwas anderes sagen. Nicht die Handlung macht das Verbrechen aus, sondern die Kenntnis dessen, der es begeht. Wer ein Verbrechen begeht, hat so lange ein reines Gewissen, als er glauben kann, dass es keins ist, und da es eine Unzahl zweideutiger Handlungen gibt, kann ein Kasuist ihnen einen Grad von Güte geben, den sie nicht haben, wenn er sie für gut erklärt, und vorausgesetzt, dass er davon überzeugen kann, dass sie kein Gift enthalten, nimmt er es ihnen ganz. Damit teile ich Ihnen das Geheimnis eines Gewerbes mit, in dem ich alt geworden bin. Ich zeige Ihnen seine Feinheiten: Allen Dingen kann man eine Wendung geben, selbst denen, die am wenigsten danach aussehen.«

»Mein Vater«, sagte ich, »das ist alles recht schön. Aber wie finden Sie sich mit dem Himmel ab? Wenn der Sophi an seinem Hof einen Mann hätte, der ihm gegenüber so handelte wie Sie gegenüber Ihrem Gott, der seinen Befehlen die Bedingungslosigkeit nähme, der seine Untertanen belehrte, wann sie dieselben befolgen müssen und wann verletzen dürfen, würde er ihn sofort pfählen lassen.«

Damit grüßte ich meinen Derwisch und verließ ihn, ohne seine Antwort abzuwarten.

Über die Frauen

Brief 34. Usbek an Ibben, Smyrna

Die persischen Frauen sind schöner als die französischen, aber die französischen sind hübscher. Es ist unmöglich, die Ersteren nicht zu lieben, unmöglich, sich in der Gesellschaft der Letzteren nicht wohlzufühlen. Die einen sind zärtlicher und bescheidener, die anderen lustiger und heiterer.

Was den Perserinnen ein so reines Blut gibt, ist das regelmäßige Leben, das sie führen. Sie spielen nicht noch durchwachen sie die Nächte, sie trinken keinen Wein und setzen sich der Einwirkung der Luft fast niemals aus. Man muss zugeben, dass das Serail mehr in Rücksicht auf die Gesundheit als für Vergnügungen eingerichtet ist. Das Leben ist dort eintönig und nicht aufregend. Alles atmet Unterordnung und Pflichterfüllung. Selbst die Vergnügungen sind dort ernst und die Freuden streng und man genießt sie fast immer nur als Zeichen des Gehorsams und der Abhängigkeit.

Selbst die Männer in Persien haben nicht die Heiterkeit der Franzosen. Man bemerkt an ihnen nicht die geistige Freiheit noch die Selbstzufriedenheit, die ich hier in allen Kreisen finde.

In der Türkei ist es noch schlimmer, wo man Familien finden könnte, in denen seit Gründung des Reiches von Generation zu Generation niemand gelacht hat.

Dieser Ernst der Asiaten kommt von dem geringen Verkehr, den sie untereinander unterhalten. Sie sehen sich nur, wenn sie zeremoniell dazu gezwungen sind. Freundschaft, diese sanfte Herzensbeziehung, ist ihnen fast unbekannt. Sie ziehen sich in ihre Häuser zurück, wo ihrer immer eine Geselligkeit harrt, sodass jede Familie sozusagen isoliert lebt.

Eines Tages, als ich mich mit einem Franzosen darüber unterhielt, sagte er zu mir: »Was mich am meisten an euren Sitten wundert, ist, dass ihr gezwungen seid, mit Sklaven zu leben, deren Herz und Geist immer von dem Bewusstsein ihrer niederen Stellung beherrscht ist. Diese feigen Leute schwächen in euch das Bewusstsein der natürlichen Tugend und sie zerstören es in euch von eurer Kindheit auf durch ihre Einwirkung.

Denn seht nur einmal von euren Vorurteilen ab: Was kann man von einer Erziehung erwarten, die solch ein Elender gibt, dessen Ehrenstellung darin besteht, eines anderen Frauen zu bewachen, und der auf die niedrigste Stellung, die es in der Menschheit gibt, stolz ist; der verächtlich ist grade wegen seiner Treue, seiner einzigen Tugend, sofern er an ihr nur aus Neid, Eifersucht und Verzweiflung festhält; der darauf brennt, sich an beiden Geschlechtern zu rächen, deren Auswurf er gleichsam ist, und sich darum von dem stärkeren tyrannisieren lässt, wofern er sich nur an dem schwächeren schadlos halten kann; der den ganzen Glanz seiner Stellung nur seiner Missgestalt und Hässlichkeit verdankt und darum nur geachtet ist, weil er eigentlich keiner Beachtung würdig ist; der schließlich, für immer an die Pforte geschmiedet, ein härterer Hüter ist als Schlösser und Riegel und sich einer fünfzigjährigen Dienstzeit rühmt, während der er unter dem Druck der Eifersucht seines Herrn seine ganze Niedrigkeit hat ausüben können.«

Brief 38. Rica an Ibben, Smyrna

Es ist eine unter Männern oft erörterte Frage, ob es vorteilhafter ist, den Frauen ihre Freiheit zu lassen oder sie ihnen zu nehmen. Mir scheint gar mancherlei dafür und dawider zu sprechen. Wenn die Europäer sagen, es sei nicht edelmütig, geliebte Wesen unglücklich zu machen, antworten wir Asiaten, dass es schwächlich ist, wenn der Mann auf eine ihm von der Natur über die Frauen gegebene Macht verzichtet. Sagt man uns, die große Zahl unter Schloss und Riegel gehaltener Frauen sei unbequem, antworten wir, dass zehn Frauen, die gehorchen, bequemer sind als eine ungehorsame. Wenn die Asiaten ihrerseits einwenden, dass die Europäer mit Frauen, die ihnen nicht treu sind, auch nicht glücklich sein können, antwortet man ihnen, dass diese von ihnen viel gerühmte Treue keinen Schutz gegen den Überdruss gewährt, der immer nach Sättigung des leidenschaftlichen Begehrens eintritt, dass unsere Frauen uns zu ausschließlich gehören und ein so ruhiger Besitz uns nichts zu wünschen noch zu fürchten übrig lässt; dass ein wenig Koketterie eine Würze ist, die frisch erhält und das Verderben hindert. Da würde vielleicht ein klügerer Mann als ich um einen Entscheid in Verlegenheit sein. Denn wenn die Asiaten recht tun, nach den ihre Besorgnisse hebenden Vorsichtsmaßregeln zu suchen, tun die Europäer ebenso recht, sich keine Sorgen zu machen.

»Schließlich«, so sagen sie, »wenn wir als Gatten unglücklich sein sollten, könnten wir uns immer noch als Liebhaber trösten. Damit ein Mann sich mit vollem Recht über die Untreue seiner Frau beklagen könnte, dürfte es im Ganzen nur drei Menschen auf der Welt geben, sobald es vier gibt, ist immer ein Ausgleich möglich.«

Eine andere Frage ist, ob ein Naturgesetz die Frauen den Männern unterordnet. »Nein«, sagte mir neulich ein sehr galanter Denker, »die Natur hat niemals ein solches Gesetz gegeben. Die Herrschaft, die wir über sie ausüben, ist eine wahre Tyrannei. Sie haben sie uns ergreifen lassen, weil sie sanfter sind als wir und darum menschlicher und vernünftiger. Diese Vorzüge, die ihnen ohne Zweifel eine Überlegenheit verleihen müssten, wenn wir vernünftig und gerecht gewesen wären, haben sie diese verlieren lassen, weil wir das nicht sind.

Wenn daher das eine wahr ist, dass wir über die Frauen nur eine tyrannische Macht ausüben, ist auch das andere wahr, dass sie über uns eine natürliche Macht besitzen, nämlich die der Schönheit, der nichts widersteht. Unsere findet sich nicht in allen Ländern, die der Schönheit ist allgemein. Warum sollten wir denn auch ein Vorrecht vor den Frauen haben? Weil wir die Stärkeren sind? Aber das ist ja dann die reine Ungerechtigkeit! Wir gebrauchen alle erdenklichen Mittel, um ihnen jeden eigenen Antrieb zu nehmen. Die Kräfte würden gleich sein, wenn die Erziehung der beiden Geschlechter die nämliche wäre. Prüfen wir sie in den Gaben, welche die Erziehung nicht geschwächt hat, und wir werden ja sehen, ob wir wirklich so stark sind.«

Brief 52. Rica an Usbek, in …

Neulich hatte ich meinen großen Spaß in einer Gesellschaft, in der ich war. Es befanden sich dort Damen in jedem Alter; eine von achtzig, eine von sechzig und eine von vierzig Jahren, die eine Nichte von zwanzig bis zweiundzwanzig hatte. Ein gewisser, verständlicher Instinkt trieb mich zuerst in die Nähe der Jüngsten. Da flüsterte sie mir zu: »Was sagen Sie von meiner Tante, die in ihrem Alter noch nach Liebesabenteuern ausschaut und die Hübsche spielt?« – »Sie tut darin unrecht«, erwiderte ich, »solche Absichten stehen nur Ihnen an.« Einen Augenblick danach befand ich mich neben ihrer Tante, die zu mir sagte: »Was sagen Sie von jener Frau, die mindestens sechzig Jahre alt ist und dabei heute mehr als eine Stunde mit ihrem Putz zugebracht hat?« – »Das ist verlorene Mühe«, sagte ich, »man muss Ihre Reize haben, um an so etwas denken zu dürfen.« Dann ging ich zu jener bedauernswerten Sechzigjährigen und beklagte sie in meiner Seele, als sie mir ins Ohr flüsterte: »Gibt es was Lächerlicheres? Sehen Sie nur die achtzigjährige Dame dort mit ihren feuerroten Bändern; sie möchte jung aussehen, und das gelingt ihr auch wirklich, denn das grenzt an Kindlichkeit!«

Lieber Gott, sagte ich zu mir selber, bemerken wir denn Lächerlichkeiten immer nur an anderen? Vielleicht ist es ein Glück, fügte ich hinzu, dass wir in den Schwächen anderer einen Trost finden. Jedoch, einmal im Zuge, beschloss ich, meine belustigende Wanderung einmal umgekehrt zu machen und mit der Ältesten anzufangen: »Gnädige Frau, Sie sehen der Dame, mit der ich eben gesprochen habe, so ähnlich, dass man Sie für Schwestern halten möchte, und ich glaube, Sie sind wohl ungefähr gleich alt?« – »Allerdings«, sagte sie zu mir, »wenn die eine stirbt, wird die andere einen Schreck bekommen dürfen. Ich glaube kaum, dass wir im Alter um zwei Tage verschieden sind.« Sobald ich diese Altersschwache festgelegt hatte, ging ich zu der Sechzigjährigen: »Sie müssen eine Wette entscheiden, gnädige Frau! Ich habe gewettet, dass Sie und jene Dame« – damit zeigte ich auf die Vierzigjährige – »gleichaltrig wären.« – »Ich glaube allerdings«, sagte sie, »dass wir kaum ein Halbjahr auseinander sind.« Schön! Weiter! Und nun ging ich zu der Vierzigjährigen. »Gnädigste Frau, sagen Sie mir doch gütigst, ob es ernst zu nehmen ist, wenn Sie das junge Mädchen da am anderen Ende des Tisches Ihre Nichte nennen? Sie sind ebenso jugendlich wie sie; sie hat sogar etwas Verblühtes in den Zügen, das Sie nicht haben, und Ihre lebhaften Farben …« – »Warten Sie«, sagte sie. »Ich bin allerdings ihre Tante; aber ihre Mutter war mindestens fünfundzwanzig Jahre älter als ich – wir stammten nicht aus derselben Ehe. Ich habe meine verstorbene Schwester sagen hören, dass ihre Tochter und ich im selben Jahr geboren sind.« – »Na, das dachte ich mir, gnädige Frau, und ich hatte also nicht unrecht, mich zu wundern!«

Mein lieber Usbek, die Frauen, die fühlen, wie es mit ihnen und ihren Reizen gleichzeitig zu Ende geht, möchten gern wieder jung sein. Warum sollten sie auch nicht die andern Menschen zu täuschen suchen, da sie sich doch alle Mühe geben, um sich selbst zu täuschen und der trübseligsten aller Vorstellungen zu entgehen?

Brief 55. Rica an Ibben, Smyrna

Die Franzosen sprechen fast niemals von ihren Frauen: sie haben nämlich Furcht, von ihnen vor Leuten zu sprechen, die sie besser kennen, als sie selbst.

Es gibt unter ihnen sehr unglückliche Leute, die niemand tröstet: Das sind die eifersüchtigen Gatten. Es gibt welche, die alle Welt hasst: Das sind auch die eifersüchtigen Gatten. Es gibt andere, die alle Männer verachten: Das sind ebenfalls die eifersüchtigen Gatten.

So gibt es denn auch kein Land, wo ihre Zahl so klein ist wie in Frankreich. Ihre Ruhe ist nicht etwa in dem Vertrauen begründet, das sie zu ihren Frauen haben: im Gegenteil, auf der schlechten Meinung, die sie von ihnen hegen. Alle weisen Vorsichtsmaßregeln der

Asiaten, die Schleier, die sie verstecken, die Gefängnisse, in denen wir sie halten, die Bewachung durch Eunuchen, scheinen ihnen Mittel, welche geeigneter sind, die Erfindsamkeit dieses Geschlechtes zu reizen und zu steigern, als sie zu ermüden. Hier finden sich die Gatten in ihre Lage und betrachten eheliche Untreue als eine unvermeidliche Schickung der Sterne. Ein Gatte, der seine Frau für sich allein beanspruchen wollte, würde als ein Störenfried der öffentlichen Freude angesehen werden, als ein Unsinniger, der sich des Sonnenlichtes unter Ausschluss der übrigen Menschen erfreuen wollte.

Hierzulande ist ein Mann, der seine Frau allein liebt, einer, der nicht Vorzüge genug besitzt, um sich auch noch die Liebe einer zweiten zu erringen; der den gesetzlichen Zwang missbraucht, um die ihm fehlenden angenehmen Eigenschaften zu ersetzen; der alle seine Vorteile zum Nachteil einer ganzen Gesellschaft ausnützt; der sich aneignet, was ihm nur als Pfand anvertraut ist; der nach Kräften darauf hinarbeitet, eine stillschweigende Abmachung zu umgehen, die das Glück beider Geschlechter ausmacht. Den Titel »Gatte einer hübschen Frau«, den man in Asien so sorgfältig verbergen wird, trägt man hier ohne Besorgnis. Man fühlt sich berechtigt, sich jede beliebige Nebenzerstreuung zu gönnen. Ein Fürst tröstet sich für den Verlust einer Festung durch die Einnahme einer anderen.

Ein Gatte, der im Allgemeinen die ehelichen Untreuen seiner Frau duldet, findet keine Missbilligung. Im Gegenteil: Man lobt seine Klugheit. Nur die einzelnen Fälle werfen einen Fleck auf die Ehre.

Nicht als ob es hier keine tugendhaften Frauen gäbe, und man kann sagen, dass sie ausgezeichnet werden durch die allgemeine Achtung. Mein Führer machte mich immer auf sie aufmerksam. Aber sie waren alle so hässlich, dass man ein Heiliger sein müsste, um die Tugend nicht zu hassen.

Nach dem, was ich Dir von den Sitten dieses Landes gesagt habe, kannst Du Dir leicht vorstellen, dass die Franzosen auf Beständigkeit keinen großen Wert legen. Sie meinen, dass es ebenso töricht ist, einer Frau ewige Liebe zu schwören, wie zu behaupten, dass man nie krank werden könne oder immer glücklich bleiben müsse. Wenn sie einer Frau ewige Liebe zusichern, setzen sie voraus, dass sie ihrerseits verspricht, immer liebenswert zu bleiben, und wenn sie ihr Wort bricht, halten sie sich an das ihre auch nicht länger für gebunden.

Brief 99. Rica an Rhedi, Venedig

Ich finde die Launen der Mode bei den Franzosen erstaunlich. Sie haben schon vergessen, wie sie sich im Sommer trugen, sie wissen noch nicht, wie sie im Winter gehen werden. Aber besonders ist es kaum glaublich, was es einen Mann kostet, seine Frau immer modern zu kleiden.

Was würde mir eine genaue Schilderung ihrer Kleidung nützen und ihres Schmuckes? Eine neue Mode würde mein Werk zerstören wie das ihrer Arbeiter, und ehe Du meinen Brief erhieltest, wäre alles verändert.

Eine Frau, die Paris verlässt, um ein Halbjahr auf dem Land zuzubringen, kommt ebenso unmodern zurück, als wenn sie 30 Jahre draußen verschlafen hätte. Der Sohn würde das Bild seiner Mutter nicht wiedererkennen, so fremd würde ihn das Kleid, in dem sie gemalt wurde, anmuten: Er müsste denken, dass das Bild irgendeine Indianerin vorstelle oder dass der Maler irgendeinem seiner fantastischen Einfälle Gestalt gegeben habe.

Manchmal steigt die Haartracht unmerklich hinauf, bis eine Revolution sie plötzlich wieder hinunterdrückt. Es gab eine Zeit, wo ihre gewaltige Höhe das Antlitz einer Dame in die Mitte ihrer Gestalt versetzte; zu einer anderen nahmen die Füße diese Stelle ein: Die hohen Hacken bildeten ein Piedestal, das sie in die Luft hob. Wer sollte es glauben: Die Baumeister sind oft gezwungen gewesen, die Türen zu erhöhen, zu erniedrigen, zu verbreitern, je nachdem der Schmuck der Frauen eine Veränderung verlangte, und die Gesetze ihrer Kunst haben sich diesen Launen unterwerfen müssen. Manchmal sieht man auf einem Gesicht eine unglaubliche Menge von Schönheitspflästerchen, Fliegen genannt, und der nächste Tag lässt sie alle verschwinden. Ehemals hatten die Frauen eine Taille, heute redet kein Mensch mehr davon. Bei diesem wetterwendischen Volk sind – was auch die Spötter sagen mögen – die Töchter anders gebaut als die Mütter.

Mit den Manieren und der Lebensweise ist es nicht anders wie mit den Moden. Die Franzosen wechseln die Sitten nach dem Lebensalter ihres Königs. Dem Monarchen könnte selbst das Kunststück gelingen, seinem Volk Ernst zu geben, wenn er's unternähme. Der Fürst drückt seines Geistes Stempel dem Hof auf, der Hof der Stadt, die Stadt den Provinzen. Die Seele des Fürsten ist eine Form, die allen andern Seelen ihre Gestalt gibt.

Brief 110. Rica an †††

Die Rolle einer hübschen Frau ist viel schwerer, als man denkt. Es gibt nichts Wichtigeres als die Vorgänge morgens bei ihrer Toilette inmitten ihrer Zofen: Ein kommandierender General verwendet nicht mehr Aufmerksamkeit darauf, seinem rechten Flügel oder seiner Reserve einen richtigen Platz anzuweisen, als sie gebraucht, ein Schönheitspflästerchen unterzubringen, das fehlen kann, dessen Erfolg sie aber hofft oder voraussieht.

Welche geistige Qual, welche Aufmerksamkeit, um unaufhörlich die Ansprüche zweier Nebenbuhler auszugleichen, um allen beiden neutral zu erscheinen, während sie sich beiden hingibt, um alle Anlässe zur Klage, die sie ihnen abwechselnd gibt, gütlich zu beseitigen!

Welche Aufgabe, die verschiedenen Vergnügungen in richtige Ordnung und erfreulichen Wechsel zu bringen und allen Zufälligkeiten vorzubeugen, die sie unmöglich machen könnten!

Bei alldem ist ihre höchste Sorge nicht, sich wirklich zu unterhalten, sondern nur den Eindruck zu erwecken, als wenn sie sich amüsierten. Langweile die Damen, so viel du willst, das werden sie dir verzeihen, vorausgesetzt nur, dass man glaubt, sie unterhielten sich ausgezeichnet.

Ich war vor einigen Tagen auf dem Land zu einem Souper, das von Damen gegeben wurde. Unterwegs sagten sie unaufhörlich: Mindestens müssen wir uns recht belustigen!

Unsere Gesellschaft war aber ziemlich ungeschickt zusammengesetzt, und es herrschte darum ein ziemlich steifer und langweiliger Ton. Da sagte eine der Damen: »Man muss gestehen, dass wir uns gut unterhalten; es gibt in ganz Paris keine so lustige Gesellschaft wie wir.« Da die Langweile mich überkam, schüttelte mich eine Dame und sagte: »Nun, sind wir nicht in guter Stimmung?« – »Ja«, antwortete ich gähnend, »nächstens, glaube ich, platze ich vor Lachen.« Jedoch behielt die Trübseligkeit trotz aller gegenteiligen Bemerkungen die Oberhand, und ich versank von Gähnen zu Gähnen in einen lethargischen Schlaf, der all meinem Vergnügen ein Ende setzte.

Brief 86. Rica an †††

Es macht den Eindruck, als wenn hier jedes einzelne Familienmitglied für sich allein verantwortlich sei. Der Gatte hat nur einen Schatten von Autorität über seine Frau, der Vater über seine Kinder, der Herr über seine Diener. Die Justiz mischt sich in alle ihre Streitigkeiten, und du kannst sicher sein, dass sie immer gegen den eifersüchtigen Gatten ist, gegen den gekränkten Vater, gegen den unbequemen Herrn.

Ich ging neulich nach dem Gebäude, wo Recht gesprochen wird. Ehe man hinkommt, muss man durch das Kreuzfeuer einer unendlichen Schar junger Verkäuferinnen hindurch, die einen mit trügerischer Stimme anlocken. Dies Schauspiel ist zuerst ziemlich heiter. Aber es wird düster, sobald man die großen Säle betritt, wo man nur Leute mit noch ernsterem Gesicht als Kleidung sieht. Endlich kommt man an die heilige Stätte, wo alle Familiengeheimnisse ausgekramt und wo die verborgensten Handlungen an das Tageslicht gezerrt werden.

Da erscheint ein bescheidenes Mädchen und trägt alle die Beunruhigungen einer zu lange gewahrten Jungfernschaft vor, ihre Kämpfe und ihren schmerzvollen Widerstand. Sie ist auf ihren Sieg so wenig stolz, dass sie immer mit einer nahen Niederlage droht, und damit ihr Vater ihre Bedürfnisse nicht länger nicht kenne, setzt sie sie dem ganzen Volk auseinander.

Eine schamlose Frau erzählt darauf die Kränkungen, die sie der Ehre ihres Mannes angetan hat, wie ebenso viel Gründe, um von ihm die Scheidung zu erlangen.

Mit gleicher Bescheidenheit kommt eine andere und sagt, dass sie es überdrüssig sei, den Titel einer Frau zu führen, ohne deren Rechte zu genießen. Sie enthüllt die Geheimnisse, die in der Nacht der Ehe verborgen sind. Sie verlangt, dass man ihren Körper den Blicken der geschicktesten Sachverständigen aussetzen soll und dass ein Richterspruch sie in alle Rechte der Jungfräulichkeit wieder einsetze.

Eine unendliche Schar geraubter oder verführter Mädchen stellen die Männer viel schlechter dar, als sie sind. Die Liebe ist es, von der dieser Gerichtshof widertönt. Man hört da von nichts sprechen als von hintergangenen Vätern, betrogenen Töchtern, untreuen Geliebten und bekümmerten Gatten.

Nach dem geltenden Gesetz wird jedes während der Ehe geborene Kind als Kind des Gatten betrachtet; er mag noch so gute Gründe haben, das nicht zu glauben, das Gesetz glaubt es an seiner statt und überhebt ihn aller Nachprüfung und Bedenken.

Vor diesem Gerichtshof gilt die Majorität der Stimmen als entscheidend. Doch sagt man, die Erfahrung habe gelehrt, dass man besser nach der Minorität gehen würde. Und das ist ziemlich natürlich. Denn es gibt sehr wenige richtig denkende Geister, und allgemein weiß man, dass es eine unendliche Zahl von falsch urteilenden gibt.

Brief 116. Usbek an Rhedi

(Aus einer längeren Untersuchung über die Gründe der angeblichen Entvölkerung der ehemals unter römischer Herrschaft befindlichen Länder.)

Die Ehescheidung war in der heidnischen Religion erlaubt, sie wurde den Christen verboten. Diese Änderung, die anfangs von geringer Tragweite schien, hatte allmählich die schrecklichsten Folgen und solche, an die man nie gedacht hätte.

Auf eine so freie Handlung, an der das Herz so großen Anteil haben soll, legte man den Zwang, die Nötigung, und die Unabänderlichkeit des Geschickes selbst. Für nichts rechnete man die gegenseitige Abscheu, die Launen und die Unverträglichkeit der Charaktere. Das Herz wollte man fesseln, das Veränderlichste und Unbeständigste, was es in der Natur gibt. Man band aneinander ohne jede Möglichkeit noch Aussicht auf Änderung Menschen, die einander nicht mochten und fast immer schlecht zueinanderpassen, und man handelte damit nicht anders als jene Tyrannen, die Lebende an Leichname ketteten.

Nichts trug mehr zur wechselseitigen Zuneigung bei als die Leichtigkeit der Ehescheidung. Gatte und Gattin waren geneigter, geduldig die Lasten des Haushalts zu tragen, da sie wussten, dass es in ihrer Macht stand, ihnen ein Ende zu setzen, und sie bewahrten diese Macht oft ein ganzes Leben hindurch in ihren Händen, ohne sie zu benützen, allein in der Erwägung, dass es ihnen freistände, das zu tun.

Brief 62. Zelis an ihren Gatten Usbek, Paris

Da Deine Tochter ihr siebentes Jahr erreicht hat, habe ich es für angezeigt gehalten, sie in die inneren Gemächer des Serails zu geben und nicht ihr zehntes Jahr abzuwarten, um sie den schwarzen Eunuchen zu übergeben. Man kann ein junges Mädchen nicht früh genug ihrer Kinderfreiheit berauben und ihr eine gottgefällige Erziehung in den heiligen Mauern geben, wo die Scham wohnt.

Denn ich bin nicht der Meinung jener Mütter, die ihre Töchter erst dann einschließen, wenn sie ihnen demnächst einen Mann geben wollen, die sie zum Serail viel mehr verurteilen als sie ihm weihen und sie gewaltsam zwingen, ein Leben zu führen, zu dem sie ihnen allmählich Liebe hätten einflößen sollen. Darf man denn alles von der Gewalt der Vernunft und nichts von dem sanften Zwang der Gewohnheit erwarten?

Vergeblich spricht man uns von der Unterordnung, in die die Natur uns Frauen verwiesen habe. Es genügt nicht, wenn wir sie fühlen, wir müssen sie auch anerkennen und üben, damit sie uns in der bedenklichen Zeit aufrecht erhält, wo die Leidenschaften erwachen und uns zur Unabhängigkeit aufreizen.

Wenn wir an euch Männer nur durch das Pflichtgefühl gebunden wären, könnten wir uns manchmal vergessen, wenn nur durch die Neigung, könnte diese einer stärkeren erliegen. Aber wenn uns die Gesetze einem Mann geben, entziehen sie uns allen andern und halten uns so fern von ihnen, als lägen hunderttausend Meilen zwischen uns.

Die Natur, die zugunsten der Männer überhaupt erfinderisch gewesen ist, hat sich nicht darauf beschränkt, ihnen sinnliches Begehren zu geben. Sie hat gewollt, dass auch wir solches Begehren empfinden und die lebendigen Werkzeuge ihrer Befriedigung sein sollten. Uns hat sie in das Feuer der Leidenschaften versetzt, damit die Männer in Ruhe leben könnten. Wenn sie aus ihrer gewöhnlichen Gefühllosigkeit heraustreten, hat uns die Natur dazu bestimmt, sie ihnen wieder zurückzugeben, ohne dass wir je selbst den glücklichen Zustand genießen können, den wir ihnen verschaffen.

Indessen, lieber Usbek, bilde Dir nicht ein, dass Deine Lage glücklicher sei als meine. Ich habe hier tausend Freuden genossen, die Du nicht kennst. Meine Fantasie hat sie mich unaufhörlich in ihrem Wert erkennen lassen: Ich habe gelebt, Du hast nur Dich gesehnt.

Selbst in dem Gefängnis, in dem Du mich hältst, bin ich freier als Du. Du kannst Deine Vorkehrungen, um mich zu bewachen, nicht verstärken, ohne dass ich meine Freude an Deinen Besorgnissen habe, und Deine Verdächtigungen, Deine Eifersucht, Dein Liebeskummer sind alles Zeichen Deiner Abhängigkeit.

Fahre nur so fort, teurer Usbek, lass mich Tag und Nacht bewachen, verlass Dich nicht auf die üblichen Vorsichtsmaßregeln; vermehre mein Glück, indem Du das Deine sicherst, und sei überzeugt, dass ich nichts fürchte außer Gleichgültigkeit von Dir.

Literatur und Wissenschaft

Brief 133. Rica an †††

Ich besuchte neulich eine große Bibliothek in einem Kloster von Derwischen, die gleichsam ihre verantwortlichen Bewahrer sind, aber die Verpflichtung haben, zu gewissen Stunden jedermann hereinzulassen.

Beim Eintritt erblickte ich einen ernsten, würdigen Herrn, der inmitten einer unendlichen Zahl von

Büchern, die ringsherum standen, auf und nieder ging. Ich trat auf ihn zu und bat ihn, mir zu sagen, was das für Bücher wären, die mir unter den andern durch ihren besseren Einband auffielen. »Mein Herr«, sagte er, »ich bewohne hier ein fremdes Land: Ich kenne hier niemand. Viele Leute stellen mir ähnliche Fragen. Aber Sie sehen wohl ein, dass ich nicht alle die Bücher lesen werde, um sie zufriedenzustellen. Ich habe meinen Bibliothekar, der Ihnen Rede stehen wird. Denn er beschäftigt sich Tag und Nacht damit, alles, was Sie da sehen, zu entziffern. Er ist sonst zu nichts nutze und uns eine rechte Last, weil er nicht fürs Kloster arbeitet. Doch ich höre die Refektoriumsstunde schlagen. Solche Leute, die wie ich an der Spitze einer Gemeinde stehen, müssen bei allen Übungen die ersten sein.« Indem er dies sagte, schob mich der Mönch zur Tür hinaus, schloss sie hinter mir und verschwand so eilig vor meinen Augen, als wenn er gestohlen hätte.

Brief 134. (Fortsetzung)

Am andern Morgen ging ich wieder nach dieser Bibliothek und fand diesmal einen ganz anderen Mann als das erste Mal. Sein Äußeres war sehr schlicht, sein Gesicht geistvoll und sein Benehmen liebenswürdig entgegenkommend. Sobald ich ihm meinen neugierigen Wunsch kundgegeben hatte, war er diensteifrig bereit, ihn zu erfüllen und mich sogar, sofern ich ein Fremder war, zu unterweisen.

»Mein Vater«, sagte ich zu ihm, »was sind das für dicke Bände, die die eine ganze Seite der Bibliothek einnehmen?« – »Das sind die Erklärer der Schrift.« – »Deren gibt es ja eine große Zahl«, fuhr ich fort, »die Heilige Schrift muss früher sehr dunkel gewesen sein und jetzt sehr klar. Bleiben noch einige Zweifel? Gibt es noch umstrittene Punkte?« – »Ob es welche gibt! Du lieber Gott! Ob es welche gibt«, antwortete er mir, »es gibt fast ebenso viel, wie's Zeilen gibt!« – »Ja?«, sagte ich. »Und was haben denn alle diese Autoren da gemacht?« – »Diese Autoren«, antwortete er, »haben in der Schrift nicht gesucht, was man glauben muss, sondern was sie selber glauben. Sie haben sie nicht als ein Buch betrachtet, das die Dogmen enthielt, die man annehmen muss, sondern als ein Werk, das ihren eigenen Meinungen Autorität verleihen könnte. Zu dem Zweck haben sie überall den Sinn verdreht und allen Stellen Gewalt angetan. Die Schrift ist gleichsam ein Land, wo alle Sekten anlanden und plündern; ein Schlachtfeld, wo die sich begegnenden feindlichen Parteien sich sehr viele Schlachten liefern, wo man sich angreift, wo man scharmützelt auf mancherlei Weisen.

Dicht da neben Ihnen stehen die asketischen oder Erbauungsbücher. Dann die Bücher über Sittenlehre, die viel nützlicher sind. Die theologischen, die zwiefach unverständlich sind, einmal durch den behandelten Gegenstand, ferner durch die Art seiner Behandlung. Dann die Werke der Mystiker, das heißt der Frommen, die zarten Gemütes sind.« – »O mein Vater«, sagte ich, »einen Augenblick! Nicht so schnell! Sprechen Sie nur von diesen Mystikern.« – »Mein Herr«, antwortete er, »die fromme Hingabe erhitzt ein Herz, das leicht zur Rührung neigt, so, dass es Dünste in das Gehirn emporsendet, die dies gleichfalls erhitzen, und daraus entstehen Ekstasen und Verzückungen. Dieser Zustand ist das Delirium der Frömmigkeit. Oft vervollkommnet es sich oder entartet vielmehr zum Quietismus: Sie wissen, dass ein Quietist nichts anders ist als ein Mensch, der zugleich verrückt, fromm und ausschweifend ist.

Da sehen Sie die Kasuisten, die die Geheimnisse der Nacht an den Tag ziehen, die in ihrer Einbildungskraft alle die Ungeheuer formen, welche der Dämon der Liebe erzeugen kann, die sie sammeln, vergleichen und zum unablässigen Gegenstand ihrer Gedanken machen. Glücklich, wenn das Herz nicht mitzureden beginnt und nicht mitschuldig wird an so viel naiv beschriebenen und in aller Nacktheit dargestellten Verirrungen!

Sie sehen, lieber Herr, dass ich frei denke und Ihnen frei sage, was ich denke. Ich bin von Natur arglos und besonders mit Ihnen, der Sie ein Fremder sind und die Dinge kennenlernen wollen, und zwar so, wie sie wirklich sind. Wenn ich wollte, würde ich von alldem zu Ihnen nur mit Bewunderung sprechen. Ich würde unaufhörlich sagen: Das ist göttlich, das ist bewundernswürdig! Da liegt ein Wunder drin! Und dann würde von zwei Folgen sicher eine eintreten: Entweder würde ich Sie täuschen oder ich würde mich vor Ihrer Seele entehren.«

Weiter kamen wir nicht. Der Derwisch wurde durch eine Angelegenheit unterbrochen, die die Fortsetzung unsrer Unterhaltung auf den nächsten Tag verschob.

Brief 135. (Fortsetzung)

Ich kam zur festgesetzten Stunde wieder und mein Mann führte mich grade an die Stelle, wo wir uns gestern getrennt hatten. »Hier«, sagte er, »kommen nun die Grammatiker, die Glossografen und die Kommentatoren.« – »Ehrwürdiger Vater«, unterbrach ich ihn, »können denn alle diese Leute nicht einfach auf den gesunden Menschenverstand verzichten?« – »Ja«, sagte er, »das können sie, und man merkt es sogar nicht einmal. Ihre Werke sind darum nicht schlechter – was sehr bequem für sie ist.« – »Allerdings«, sagte ich, »ich kenne viele Philosophen, die gut tun würden, derartigen Wissenschaften sich zu widmen.«

»Hier«, fuhr er fort, »kommen die Redner, die die Gabe haben, unabhängig von guten Gründen zu überzeugen, und die Mathematiker, die einen Menschen auch gegen seinen Willen überzeugen und ihn mit wahrer Tyrannei überreden.

Das sind die Bücher der Metaphysik, die so hochwichtige Fragen behandeln und in denen man bei Schritt und Tritt auf das Ewige stößt; die Bücher über Naturwissenschaft, die in dem Haushalt des gewaltigen Weltalls nichts Wunderbareres finden als in der einfachsten Maschine unserer Arbeiter.

Die medizinischen Bücher, diese Denkmäler der Gebrechlichkeit der Natur und der Macht der Kunst, die erschüttern, selbst wenn sie von den leichtesten Krankheiten handeln, so nahe rücken sie uns den Tod vor Augen; die uns aber in vollkommener Sicherheit wiegen, wenn sie von der Kraft der Heilmittel sprechen, als wenn wir unsterblich geworden wären.

Dicht daneben stehen die anatomischen Lehrbücher, die viel weniger eine Beschreibung der menschlichen Körperteile enthalten als die barbarischen Namen, die man ihnen gegeben hat – eine Sache, die weder den Kranken von seiner Krankheit noch den Arzt von seiner Unwissenheit heilt.

Hier kommt die Alchemie, die bald in Krankenhäusern, bald in Irrenhäusern wohnt, Wohnungen, die ihr beide gleich gut anstehen.

Das hier sind die Bücher der geheimen Kunde oder vielmehr Unkunde. Dazu gehören die, welche irgendeine Art Teufelswerk enthalten, fluchwürdig nach mancher Leute Meinung, erbarmungswürdig nach der meinen. Dahin gehören auch die Bücher der Astrologie.« – »Was sagen Sie, mein Vater? Die Bücher der Astrologie!«, unterbrach ich ihn mit Feuer. »Das sind die, welche wir bei uns in Persien am höchsten schätzen. Sie regeln alle Handlungen unseres Lebens, sie bestimmen uns in allen Unternehmungen. Die Astrologen sind recht eigentlich unsere Leiter; mehr noch, sie gehören mit zur Staatsregierung.« – »Wenn dem so ist«, sagte er zu mir, »so lebt ihr unter einem härteren Joch, als das der Vernunft ist. Das ist das seltsamste aller Reiche: Ich beklage tief jede Familie und mehr noch ein Volk, das sich von den Planeten lenken lässt.« – »Wir bedienen uns«, erwiderte ich, »der Astrologie wie Sie der Algebra. Jede Nation hat ihre Wissenschaft, nach der sie ihre Politik regelt. Alle Astrologen zusammen haben bei uns in Persien nicht so viel Dummheiten begangen, wie ein einziger eurer Algebristen bei euch angerichtet hat. Glauben Sie, dass die zufälligen Stellungen der Sterne nicht eine ebenso verlässliche Regel geben wie die schönen Berechnungen Ihrer Systemmacher? Wenn man diese Frage in Frankreich und in Persien zur Abstimmung stellte, würde die Astrologie triumphierend daraus hervorgehen, und Ihre Rechenkünstler würden sehr beschämt werden. Welche überwältigenden Folgerungen könnte man nicht daraus gegen sie ziehen!«

Hier wurde unsere Unterhaltung unterbrochen und wir mussten uns trennen.

Brief 136. (Fortsetzung)

Bei meinem nächsten Besuch führte mich mein gelehrter Bibliothekar in ein besonderes Zimmer.

»Hier stehen«, sagte er, »die Bücher über moderne Geschichte. Sehen Sie hier zuerst die Geschichtsschreiber der Kirche und der Päpste, Bücher, die ich lese, um mich zu erbauen, die aber manchmal in mir eine ganz gegenteilige Wirkung hervorrufen.

Da stehen die, welche über den Verfall des gewaltigen Römerreiches geschrieben haben, das sich aus den Trümmern so vieler anderer Reiche bildete und aus dessen eigenen Trümmern so viele neue entstanden. Eine unendliche Zahl barbarischer Völker, die ebenso unbekannt waren wie die von ihnen bewohnten Länder, tauchten plötzlich auf, überschwemmten, verwüsteten, zerstückelten das Römerreich und gründeten all die Reiche, die Sie jetzt in Europa sehen. Diese Völker waren nicht im eigentlichen Sinn barbarisch, da sie frei waren. Doch sind sie es seitdem geworden in dem Maß, wie sie sich einer absoluten Regierung unterwarfen und die süße Freiheit verloren, die der Vernunft, der Menschenwürde und der Natur entspricht.

Hier sehen Sie die Historiker des Deutschen Kaiserreiches, das nur ein Schatten des ersten Reiches ist. Doch ist es, glaube ich, die einzige auf Erden vorhandene Macht, für welche die Teilung keine Schwächung bedeutet hat; die einzige, so glaube ich ferner, die sich im graden Verhältnis zu ihren Verlusten kräftigt und die, langsam in der Ausnützung ihrer Erfolge, unbezwingbar durch ihre Niederlagen wird.

Das sind die Geschichtsschreiber Frankreichs. In ihnen liest man, wie sich die Macht der Könige bildet, zweimal stirbt, wiederersteht und dann mehrere Jahrhunderte hindurch hinsiecht. Dann aber gewinnt sie allmählich an Kraft, wächst nach allen Seiten und erhebt sich zu ihrer letzten Periode – jenen Flüssen vergleichbar, die auf ihrem Lauf ihr Wasser verlieren oder sich unter der Erde verbergen; dann erscheinen sie von Neuem, vergrößert durch die Wassermassen ihrer Nebenflüsse, und reißen mit unwiderstehlicher Gewalt alles fort, was sich ihnen in den Weg stellt.

Dort sehen Sie die spanische Nation. Sie kam aus ihren Bergen, unterwarf die maurischen Fürsten ebenso unmerklich, wie diese sie plötzlich überwältigt hatten. Dann einigen sich die zahlreichen kleinen Königreiche zu einer gewaltigen Monarchie, die fast die einzige auf der Halbinsel wird. Schließlich aber wird sie von ihrer eigenen Größe und einer falschen Wohlhabenheit erdrückt, verliert ihre Kraft und selbst ihr Ansehen und bewahrt nur noch den hochfahrenden Stolz ihrer ursprünglichen Macht.

Das sind die englischen Geschichtsschreiber, bei denen man die Freiheit immer wieder aus den Gluten der Zwietracht und des Aufstandes neu erstehen sieht – ein Fürst, der auf einem unerschütterlichen Thron nie fest sitzt – eine ungeduldige, aber noch in ihrer Erregung besonnene Nation, die, Herrin über das Meer, es versteht – eine bis dahin unerhörte Sache –, den Welthandel mit der Weltherrschaft zu verbinden.

Dicht dabei sind die Geschichtsschreiber jener zweiten Beherrscherin der Meere, der Republik Holland, die in Europa so geachtet und in Asien so gefürchtet ist, wo ihre Kaufleute die Könige sich in Scharen vor sich beugen sehen.

Die Geschichtsschreiber Italiens stellen Ihnen eine Nation vor, die ehemals die Herrin der Welt war, jetzt die Sklavin aller anderen Völker ist, ihre uneinigen und schwachen Fürsten, die kein anderes Kennzeichen der Souveränität besitzen als eine eitle Politik.

Hier sind die Historiker der Republiken: der Schweiz, die das Abbild der Freiheit ist; Venedigs, das Hilfsquellen nur in seinen früher gemachten Ersparnissen besitzt; Genuas, das nur stolz durch seine Bauwerke ist.

Hier sind die nordischen, u. a. die Polens, das von seiner Freiheit und seinem Recht, seine Könige zu wählen, einen so üblen Gebrauch macht, dass es dadurch die benachbarten Völker für den Verlust jener Freiheit und jenes Rechtes trösten zu wollen scheint.«

Daraufhin trennten wir uns bis zum andern Tag.

Brief 137. (Schluss)

Am andern Tag führte er mich in ein anderes Zimmer und sprach: »Das hier sind die Dichter, d.h. die Autoren, deren Gewerbe es ist, dem gesunden Menschenverstand Handschellen anzulegen und die Vernunft unter täuschenden Gaukelbildern zu ersticken, wie man früher die Frauen unter ihren Schmuck- und Kleidungsstücken vergrub. Die kennen Sie auch, sie sind nicht selten bei den Orientalen, wo eine glühendere Sonne sogar die Einbildungskraft zu erhitzen scheint.

Hier sind die epischen Gedichte. Ja, was sind denn epische Gedichte? In Wahrheit, ich weiß nichts davon. Die Kenner sagen, dass man niemals mehr als zwei zustande gebracht hat (die Ilias und Odyssee und die Aeneis) und dass die andern, die man unter diesem Namen gibt, ihn nicht verdienen. Sie sagen außerdem, dass es unmöglich sei, neue zu machen, und das ist noch erstaunlicher.

Das sind die dramatischen Dichter, die meines Erachtens nach die Dichter im eigentlichen Sinn des Wortes sind, und die Meister der Leidenschaften. Deren gibt's zwei Arten, die Komiker, die uns so behaglich anregen, und die Tragiker, die uns mit solcher Heftigkeit erregen und erschüttern.

Hier sind die Lyriker, die ich ebenso verachte, wie ich die Vorhergehenden achte, die aus ihrer Kunst eine harmonische Übertreibung machen.

Dann kommen die Verfasser von Idyllen und Eklogen. Diese gefallen sogar den Hofleuten durch die Vorführung eines gewissen ruhig friedlichen Zustandes, dessen diese sich nicht erfreuen. Sie schildern ihn unter der Maske des Hirtenlebens.

Hier sind die gefährlichsten von allen Autoren, die wir gesehen haben. Das sind die, welche Epigramme schärfen, eine Art feiner Pfeile, die eine tiefe und den Heilmitteln unzugängliche Wunde erzeugen.

Sie sehen hier endlich die Romane, deren Verfasser so eine Art Dichter sind, die in gleichem Maß die Sprache des Verstandes wie die des Herzens übertreiben. Sie verbringen ihr Leben damit, die Natur zu suchen, und verfehlen sie immer. Ihre Helden sind ebenso unwahr wie die geflügelten Drachen und Kentauren.«

Da sagte ich zu ihm: »Einige von euren Romanen habe ich gelesen, und wenn Sie die unsern lesen würden, würden Sie ebenso verblüfft sein. Sie sind ebenso unnatürlich und außerdem noch durch unsere Sitten in einer schlimmeren Lage. Denn es kann bei uns zehn Jahre dauern, bis ein Verliebter nur das Gesicht seiner Geliebten zu sehen bekommt. Dennoch sind unsere Romanschreiber gezwungen, ihren Lesern diese langweiligen Vorspiele nicht zu erlassen. Da es nun aber dabei unmöglich ist, eine große Abwechslung in die Ereignisse zu bringen, nimmt man seine Zuflucht zu einem Mittel, das schlimmer ist als das Übel, das es heilen soll, zu den Wundern. Sie werden es sicherlich nicht billigen, wenn eine Zauberin ein Heer aus den Mauselöchern kriechen lässt oder ein Held ganz allein eine Stadt von hunderttausend Einwohnern zerstört. So sind indessen unsere Romane; die frostigen, sich ewig wiederholenden Abenteuer ermüden und die übertriebenen Wunder empören uns innerlich.«

Brief 108. Usbek an †††

Es gibt eine Art Bücher hier, die wir in Persien nicht kennen, die mir hier aber sehr an der Mode scheinen, das sind die Zeitschriften. Sie kommen der Trägheit der Leser schmeichelnd entgegen: Man ist entzückt darüber, dreißig Bände in einer Viertelstunde durchfliegen zu können.

In der Mehrzahl der Bücher ist der Autor noch nicht über die üblichen Floskeln der Einleitung hinaus, dann liegen seine Leser schon im Todeskampf. Halb tot bringt er sie erst in seine eigentliche Materie hinein, die inmitten eines Meeres von Worten ertrinkt. Dieser ringt nach der Unsterblichkeit in einem Duodezband, jener in einem Quartband. Ein anderer, der höheren Schwung verspürt, liebäugelt mit einem Folioband. So muss er denn seinen Gegenstand entsprechend dehnen – was er auch ohne Erbarmen tut, indem er die Mühe des armen Lesers für nichts anschlägt, der sich tot quält, um wieder auf seinen eigentlichen Kern zu reduzieren, was der Verfasser mit unendlicher Mühe breitgetreten hat.

Ich weiß nicht, was für ein Verdienst darin liegt, solche Bücher zu machen. Das könnte ich auch, wenn ich meine Gesundheit und einen Verleger zugrunde richten wollte.

Das große Unrecht, das die Journalisten begehen, ist, dass sie immer nur von »neuen Büchern« sprechen. Als wenn die Wahrheit je neu wäre! Es scheint mir, dass kein Mensch, bis er nicht alle alten Bücher gelesen hat, ein Recht hat, ihnen die neuen vorzuziehen.

Aber wenn sie es sich zum Gesetz machen, nur von Büchern zu reden, deren Druck noch feucht ist, legen sie sich auch noch ein zweites auf: recht langweilig zu sein. Sie hüten sich, die Bücher zu kritisieren, aus denen sie Auszüge geben, wie berechtigt das auch wäre: Und allerdings, wo ist der Mann, der sich jeden Monat zehn bis zwölf Feinde machen möchte?

Die Mehrzahl der Autoren gleicht den Dichtern, die, ohne zu klagen, eine Tracht Prügel hinnehmen, die aber, so wenig eifersüchtig sie ihren Rücken hüten, so eifersüchtig über ihren Werken wachen und nicht die geringste Kritik vertragen würden. Darum muss man sich in Acht nehmen, sie nicht an einer so empfindlichen Stelle zu verletzen, und das wissen die Journalisten wohl. Drum tun sie grade das Gegenteil: Sie beginnen damit, die behandelte Materie zu loben – erste Fadheit! – Von da gehen sie zu dem Lob des Verfassers über – erzwungenes Lob, denn sie haben mit Leuten zu tun, die von eben gehabter Anstrengung noch ganz außer Atem und bereit sind, sich Geltung zu verschaffen und mit Federstrichen einen armen Journalisten zu zerschmettern.

Bücherschreiber

Brief 66. Rica an †††

Man gibt sich hier viel mit den Wissenschaften ab, aber ich weiß nicht, ob man sehr gelehrt ist. Wer als Philosoph an allem zweifelt, wagt als Theologe nichts zu leugnen: Solch widerspruchsvoller Mensch ist immer mit sich zufrieden, wofern man nur seine beiden Qualitäten auseinanderhält und gelten lässt.

Die Manie der meisten Franzosen ist, geistreich sein zu wollen, und die Manie derer, die geistreich sein wollen, ist, Bücher zu schreiben.

Doch das ist ein so übler Einfall wie nur möglich: Die Natur scheint weise Vorkehrung getroffen zu haben, dass die Dummheiten der Menschen vergänglich sein sollten, und die Bücher verleihen ihnen Unsterblichkeit. Ein Dummkopf sollte sich damit begnügen, seine Zeitgenossen gelangweilt zu haben: Nein, er will auch noch künftigen Geschlechtern beschwerlich fallen; er will, dass seine Dummheit über die Vergessenheit triumphiert, deren er sich grade so gut hätte erfreuen können wie seines Grabes; er will, die Nachwelt soll davon unterrichtet sein, dass er gelebt hat, sie soll wissen auf alle Ewigkeit, dass er ein Dummkopf war.

Von allen Bücherschreibern verachte ich keine mehr als die Kompilatoren, die von allen Seiten her die Fetzen von den Werken anderer zusammentragen und sie zusammenkleistern wie Rasenbatzen auf einem Beet. Sie stehen nicht viel über den Buchdruckergehilfen, die die Typen aufreihen, die, zusammengestellt, auch ein Buch bilden, zu dem sie aber nur die Hand geliehen haben. Ich wünschte, dass man die Originaltexte respektierte, und es scheint mir eine Art Entweihung, einzelne Stücke aus dem Heiligtum, in dem sie sich befinden, herauszuziehen, um sie einer Verachtung auszusetzen, die sie nicht verdienen.

Wenn ein Mensch nichts Neues zu sagen weiß, was hält er nicht den Mund? Was soll man mit diesen Wiederholungen anfangen? »Aber ich will in Altes eine neue Ordnung bringen!« – Jawohl! Du kommst also in meine Bibliothek und stellst die Bücher von unten nach oben und die von oben nach unten – ein schönes Meisterstück!

Ich schreibe Dir das, weil ich über ein eben aus der Hand gelegtes Buch empört bin. Es ist so dick, als wenn es die gesamte Wissenschaft umfasste, aber es hat mir nur den Kopf schwirren gemacht, ohne mich etwas zu lehren.

Wissenschaft und Kunst

Brief 97. Usbek an Hassein, Derwisch des Berges Jaron

O Du weiser Derwisch, dessen wissensdurstiger Geist von so viel Kenntnissen strahlt, höre, was ich Dir sagen will!

Es gibt hier Philosophen, die allerdings noch nicht bis zur Höhe orientalischer Weisheit aufgestiegen sind: Sie sind noch nicht bis zu dem leuchtenden Thron emporgetragen worden, sie haben noch nicht die unaussprechlichen Worte gehört, die in der Engel Gesängen erklingen, noch haben sie die furchtbare Gewalt einer sie überwältigenden göttlichen Raserei empfunden – jedoch, sich selbst überlassen, folgen sie schweigend den Spuren der menschlichen Vernunft.

Du kannst nicht ahnen, bis wohin diese Führerin sie geleitet hat. Sie haben das Chaos entwirrt und durch eine einfache Mechanik die Anordnung des göttlichen Bauwerks erklärt. Der Urheber der Welt hat der Materie Bewegung gegeben: Mehr hat es nicht bedurft, um diese wundervolle Mannigfaltigkeit der Wirkungen hervorzurufen, die wir im Weltall schauen.

Mögen die gewöhnlichen Gesetzgeber uns Gesetze vorschlagen, um die menschlichen Gemeinschaften zu ordnen, Gesetze, die ebenso der Veränderung unterworfen sind wie die Seelen derer, die sie geben, und der Völker, die sie beobachten: Diese Männer sprechen uns nur von allgemeingültigen, unveränderlichen, ewigen Gesetzen, die ohne irgendeine Ausnahme wirken mit Regelmäßigkeit und unbegrenzter Zuverlässigkeit in der Unendlichkeit des Raumes.

Und was glaubst Du, göttlicher Mann, dass dies für Gesetze seien? Du bildest Dir vielleicht ein, dass, wenn Du in das Innere der erschaffenen Welt eindringst, Du von der Erhabenheit der Wunder überwältigt werdest; Du verzichtest von vornherein auf ein Verstehen, Du bist gerüstet, um zu bewundern?

Aber Du wirst deine Gedanken bald ändern. Diese Gesetze blenden nicht durch einen falschen Schimmer.

Ihre Einfachheit hat sie lange verkennen lassen, und erst nach langem Nachdenken hat man ihre ganze Fruchtbarkeit und ihre ganze Bedeutung erkannt.

Das erste Gesetz ist, dass jeder sich bewegende Körper in einer graden Linie fortstrebt, wofern er nicht durch irgendein Hindernis von dieser Graden abgelenkt wird. Das zweite ist nur eine Folge vom ersten: Jeder Körper, der um einen Mittelpunkt kreist, hat das Bestreben, sich von ihm zu entfernen, weil, je ferner er davon ist, der Weg, den er beschreibt, sich umso mehr der graden Linie nähert.

Das, erhabener Derwisch, ist der Schlüssel zur Natur, das sind die fruchtbaren Prinzipien, aus denen man unendlich weittragende Folgerungen zieht.

Die Folgerungen aus fünf oder sechs Wahrheiten haben ihre Philosophie mit einem Reichtum von Wundern beschenkt und sie so viel überraschende Wundertaten ausführen lassen wie alles, was man von unsern heiligen Propheten erzählt.

Denn ich bin überzeugt, unter unseren Gelehrten ist keiner, den die Aufgabe nicht in Verlegenheit gesetzt hätte, in einer Waage das Gewicht der ganzen die Erde umhüllenden Luft zu wiegen oder das Wasser zu messen, das jedes Jahr auf ihre Oberfläche fällt; oder der sich viermal besonnen hätte bei der Frage, wie viel Meilen der Schall in der Stunde zurücklegt oder welche Zeit ein Sonnenstrahl braucht, um zu uns zu gelangen; wie viel Meilen es von hier bis zum Saturn sind; in welcher Kurve der Bug eines Schiffes gekrümmt sein muss, damit es der beste Segler sei.

Vielleicht wenn ein göttlicher Mann die Werke dieser Philosophen mit hohen und erhabenen Worten geschmückt hätte, wenn er kühne Wendungen und geheimnisvolle Allegorien eingestreut hätte, vielleicht hätte er dann ein schönes Werk geschaffen, das dem heiligen Koran nichts nachgegeben hätte.

Brief 105. Rhedi an Usbek, Paris

Du hast mir in einem Deiner Briefe viel von den im Okzident gepflegten Künsten und Wissenschaften gesprochen. Du wirst mich vielleicht als einen Barbaren ansehen, aber ich weiß nicht, ob der daraus gezogene Nutzen die Menschen für die missbräuchliche Anwendung derselben entschädigt, die man täglich damit treibt.

Ich habe sagen hören, dass allein die Erfindung der Bomben allen europäischen Völkern die Freiheit genommen habe. Da die Fürsten die Wache der festen Plätze nicht mehr den Bürgern überlassen konnten, die sich bei der ersten Bombe ergeben hätten, hatten sie einen Vorwand, große Massen stehender Truppen zu halten, mit denen sie dann später ihre Untertanen unterdrückt haben.

Du weißt, dass es seit Erfindung des Pulvers keine uneinnehmbare Festung mehr gibt, d.h., lieber Usbek, dass auf Erden keine Zuflucht vor Ungerechtigkeit und Gewalttat zu finden ist.

Ich zittere immer davor, dass es nicht schließlich einmal glückt, ein Geheimmittel zu entdecken, das die

Menschen nach verkürztem Verfahren ins Jenseits befördert und Völker und ganze Nationen zerstört.

Du hast die Geschichtschreiber gelesen. Bemerke wohl: Fast alle Monarchien wurden nur unter Nichtkenntnis der Künste begründet, zerstört aber, weil man diese allzu sehr pflegte. Das alte Perserreich kann uns ein heimisches Beispiel dafür liefern.

Ich bin noch nicht lange in Europa, doch habe ich vernünftige Leute von den durch die Chemie angerichteten Verheerungen reden hören. Das scheint eine vierte Geißel zu sein, welche die Menschen zwar nur einzeln, aber unaufhörlich vernichtet, während Krieg, Pest, Hungersnot sie im Großen, aber nur in Zwischenräumen zerstören.

Wozu anders hat uns die Erfindung des Kompasses und die Entdeckung so vieler Völker genützt, als uns ihre Krankheiten, viel mehr als ihre Reichtümer, mitzuteilen. Gold und Silber sind durch eine allgemeine Übereinstimmung dazu bestimmt worden, den Preis aller Waren zu bilden, und zwar aus dem Grund, dass diese Metalle selten und zu anderem Gebrauch untauglich waren: Was lag uns daran, dass sie gemeiner wurden und dass wir, um den Wert einer Ware zu bezeichnen, zwei oder drei Zahlenzeichen statt eines brauchen? Das war nur unbequemer.

Aber andrerseits ist diese Erfindung auch den neu entdeckten Ländern verderblich geworden. Ganze Völker sind vernichtet worden, und die Menschen, die dem Tod entgingen, sind zu einem so harten Sklaventum verurteilt gewesen, dass die Erzählung davon einen Muselmanen schaudern macht.

Brief 106. (Antwort auf vorigen)
Usbek an Rhedi, Venedig

Entweder bedenkst Du nicht, was Du sagst, oder Du handelst besser, als Du denkst. Du hast dein Vaterland verlassen, um Dich zu bilden, und Du verachtest alle Bildung. Du kommst, um Deinen Geist zu erweitern, in ein Land, wo man die schönen Künste pflegt, und Du betrachtest sie als verderblich. Soll ich Dir etwas sagen, Rhedi, ich stimme mit Dir mehr überein als Du mit Dir selbst.

Hast Du wohl über den barbarischen und unglückseligen Zustand nachgedacht, in den uns ein Verlust der schönen Künste stürzen würde? Man braucht sich davon kein Fantasiebild zu machen, man kann es mit eigenen Augen schauen. Es gibt noch Völker auf Erden, bei denen ein einigermaßen gebildeter Affe in Ehren leben könnte. Er würde ungefähr auf der Höhe der anderen Bewohner stehen, man würde weder seinen Geist seltsam noch seinen Charakter wunderlich finden. Er würde seinen Mann stehen und sich sogar noch durch seine Anmut auszeichnen.

Du sagst, die Begründer großer Reiche hätten fast alle die Künste nicht gekannt. Ich bestreite Dir nicht, dass sich barbarische Völker wie eine Überschwemmung auf der Erde haben ausbreiten können und mit ihren wilden Herrschern die bestgeregelten Staaten überdecken. Aber – gib acht! – sie haben die Künste selbst erlernt oder sie von den besiegten Völkern ausüben lassen. Ohne das würde ihre Macht vorübergegangen sein wie der Lärm des Donners und das Unwetter.

Du fürchtest, sagst Du, dass man nicht noch eine grausamere Zerstörungsart entdeckt als die gebräuchliche. Nein! Wenn eine solche verhängnisvolle Erfindung gemacht würde, würde sie bald durch das Völkerrecht außer Wirkung gesetzt werden, und einträchtig würden die Völker solche Entdeckung in Vergessenheit begraben. Es liegt nicht im Interesse der Fürsten, auf solche Weise Eroberungen zu machen: Sie brauchen Untertanen, nicht Ländermassen.

Du beklagst Dich über die Erfindung des Pulvers und der Kanonen. Du findest es seltsam, dass es keinen uneinnehmbaren Platz mehr gibt, d.h., Du findest es seltsam, dass die Kriege heute schneller zu Ende gehen als ehemals.

Du musst beim Lesen der Geschichte bemerkt haben, dass die Schlachten seit Erfindung des Pulvers weniger blutig geworden sind, da es nicht mehr zum Handgemenge kommt.

Und wenn sich ein besonderer Fall einstellt, in dem eine Kunst verderblich wirkt, muss man sie deshalb verwerfen? Meinst Du, Rhedi, dass die Religion, die unser heiliger Prophet vom Himmel gebracht hat, verderblich sei, weil sie eines Tages die ungläubigen Christen vernichten wird?

Du glaubst, dass die Künste die Völker verweichlichen und dadurch den Sturz der Reiche verursachen. Du sprichst von dem Untergang des alten Perserreiches, der durch seine Verweichlichung herbeigeführt wurde. Aber weit gefehlt, dass das ein entscheidendes

Beispiel ist! Denn die Griechen, die die Perser so oft besiegt und unterjocht haben, pflegten die Künste mit weit größerer Sorgfalt als jene.

Wenn man sagt, dass die Künste die Menschen verweichlichen, gilt dies wenigstens nicht von den Leuten, die sie ausüben, da sie niemals untätig sind, und die Untätigkeit ist es ja grade, die von allen Lastern die Lebenslust am meisten schwächt.

Es kann also nur die Rede von denen sein, die die Künste nur genießen. Aber da in einem wohl geleiteten Land die, welche die Annehmlichkeit einer Kunst genießen, gezwungen sind, ihrerseits eine andere zu pflegen, wenn sie nicht einer schmählichen Armut verfallen wollen, so folgt daraus, dass Untätigkeit und Weichlichkeit mit den Künsten unvereinbar sind.

Paris ist vielleicht die Stadt der größten und zahlreichsten Sinnesgenüsse, die Stadt, wo man die Vergnügungen am meisten verfeinert hat. Aber es ist zugleich die Stadt, wo man das härteste Leben führt. Damit ein Mensch in behaglichem Genuss lebe, müssen hundert andere unermüdlich arbeiten. Eine Frau hat sich in den Kopf gesetzt, in einer Gesellschaft mit einem bestimmten Schmuck zu erscheinen. Von dem Augenblick an können fünfzig Arbeiter nicht mehr schlafen, nicht mehr ruhig essen und trinken. Sie befiehlt und findet pünktlicheren Gehorsam als unser Herrscher, weil das Interesse der größte Herrscher der Erde ist.

Dieser Eifer für die Arbeit, diese Leidenschaft, sich zu bereichern, geht durch alle Stände, vom Handwerker bis zu den Großen. Niemand ist willig ärmer als der, den er eben noch unmittelbar unter sich sieht.

Man sieht in Paris mehr als einen Mann, der genug hätte, um bis zum jüngsten Tag zu leben, und der unaufhörlich arbeitet auf die Gefahr hin, seine Tage zu verkürzen, nur um, wie er sagt, zusammenzuraffen, wovon er leben könne.

Derselbe Geist bemächtigt sich des ganzen Volkes: Man sieht nur Arbeit und Gewerbefleiß; wo ist also das verweichlichte Volk, von dem Du so viel redest?

Ich will einmal annehmen, Rhedi, dass man in einem Land nur die zur Bebauung desselben unumgänglich nötigen Künste duldete, die immerhin schon zahlreich sind, und alle anderen daraus verbannte, die nur dem Genuss oder der Fantasie dienen: Das würde, behaupte ich, das unglückseligste auf der ganzen Welt sein.

Wenn die Einwohner den Mut hätten, so viele Dinge zu entbehren, die sie für ihre Bedürfnisse schaffen müssen, würde das Volk von Tag zu Tag zurückgehen und der Staat würde so schwach werden, dass die kleinste Macht ihn würde überwältigen können.

Es würde leicht sein, Dir durch Eingehen auf Einzelheiten nachzuweisen, dass die Privateinnahmen und mithin auch die des Herrschers fast ganz aufhören würden. Es würde zwischen den Bürgern kein Austausch der Leistungen stattfinden. Enden würde der Kreislauf der Reichtümer und die Abstufung der Einkommen, die von der Abhängigkeit herkommt, in der die Künste voneinander stehen. Jeder einzelne würde von seinem Grundbesitz leben und ihm nur grade das abgewinnen, was ihn vorm Hungertod bewahrt. Da das aber manchmal nur ein Zwanzigstel der Staatseinkünfte ausmacht, würde die Einwohnerzahl dementsprechend zurückgehen und nur ein Zwanzigstel davon übrig bleiben.

Bedenke auch, wie weit Gewerbefleiß die Einkünfte steigert. Ein Besitz bringt seinem Eigentümer jährlich nur fünf vom Hundert ein. Aber mit Farben, die ein Goldstück wert sind, malt der Maler ein Bild, das ihm hundert Goldstücke einträgt. Von den Goldschmieden, den Wollspinnern und Seidenwebern und allen möglichen andern Arbeitern kann man dasselbe sagen.

Aus alledem muss man schließen, Rhedi, dass, damit ein Fürst mächtig sei, seine Untertanen im Überfluss und Genuss leben müssen. Er muss darauf hinarbeiten, ihnen allerhand Überflüssigkeiten ebenso gut zu verschaffen wie das zum Leben Unentbehrliche.

Gelehrtendünkel

Brief 128. Rica an Usbek

Neulich ging ich mit einem Freund über den Pont-Neuf. Da traf dieser einen Bekannten, der, wie er mir sagte, Mathematiker war. Und alles in seinem Äußeren stimmte dazu, denn er war tief in Gedanken. Mein Freund musste ihn lange am Ärmel zupfen und ihn schütteln, um ihn auf die platte Erde zu bringen, so beschäftigte ihn die Berechnung einer Kurve, die ihn vielleicht seit acht Tagen plagte. Sie begrüßten sich mit vielen Liebenswürdigkeiten und tauschten einige literarische Neuigkeiten aus. Diese Gespräche führten sie bis zur Tür eines Cafés, wo ich mit ihnen eintrat.

Ich bemerkte, dass unser Mathematiker dort von jedermann mit eifriger Zuvorkommenheit empfangen wurde und dass die Kellner ihm viel mehr Aufmerksamkeit widmeten als zwei Musketieren, die in einer Ecke saßen. Auch ihm merkte man an, dass er sich behaglich fühlte, denn sein Gesicht hellte sich etwas auf, und er begann heiter zu lachen, als wenn er nie mit Mathematik zu tun gehabt hätte.

Aber sein an Regelmäßigkeit gewöhnter Geist vermaß prüfend alles, was in der Unterhaltung gesagt wurde. Er glich dem Mann, der in seinem Garten allen Blumen die Köpfe abhieb, die länger waren als die anderen. Ein Märtyrer seiner Genauigkeit, fühlte er sich von jedem Seitensprung gekränkt, wie ein zu empfindliches Auge von einem zu grellen Licht geblendet wird. Nichts war für ihn gleichgültig, wenn es eine Wahrheit darstellte. So war denn auch seine Unterhaltung seltsam genug. Er kehrte an dem Tag grade vom Land zurück mit einem Herrn, der seinerseits ein stolzes Schloss und prächtige Gärten gesehen hatte. Er dagegen hatte nur ein Gebäude von 60 Fuß Länge und 30 Fuß Breite gesehen und ein oblonges Boskett von 10 Klaftern. Er hätte gewünscht, die Gesetze der Perspektive wären in dem Garten derartig angewendet worden, dass alle Gänge gleich lang erschienen wären, und er hätte auch eine unfehlbare Methode dazu angeben können. Er schien von einer Sonnenuhr sehr entzückt, die er dort entdeckt hatte, und geriet gegen den mich begleitenden Gelehrten sehr in Hitze, als ihn dieser fragte, ob die Uhr babylonische Stunden anzeigte. Ein Neuigkeitskrämer sprach von der Beschießung des Schlosses von Fontarabie, und der Mathematiker gab uns plötzlich die Formel für die von den Bomben beschriebenen Flugbahnen, und zufrieden, das zu wissen, wollte er von der Wirkung nichts hören. Ein Anwesender beklagte sich, im vergangenen Winter von einer Überschwemmung heimgesucht worden zu sein. Da sagte der Mathematiker: »Was Sie da mitteilen, ist mir sehr interessant. Ich sehe, dass ich mich in meinen Beobachtungen nicht getäuscht habe und dass mindestens zwei Zoll mehr Wasser auf der Erdoberfläche gefallen ist als vergangenes Jahr.«

Einen Augenblick später verließ er das Café und wir folgten ihm. Da er ziemlich rasch ging und nicht vor sich sah, traf er gradenwegs mit einem andern Mann zusammen. Der Stoß war heftig, und jeder prallte zurück im umgekehrten Verhältnis ihrer Massen und Geschwindigkeiten. Als sie sich ein wenig von ihrer Betäubung erholt hatten, führte der andere Mann seine Hand zur Stirn und sagte zu dem Mathematiker: »Ich freue mich, dass Sie gegen mich gerannt sind, denn ich habe Ihnen eine große Neuigkeit mitzuteilen: Ich habe eben Horaz der Öffentlichkeit übergeben.« – »Wie?«, sagte der Mathematiker. »Der ist ja schon seit zweitausend Jahren veröffentlicht!« – »Sie verstehen mich nicht«, erwiderte der andere, »es handelt sich um eine Übersetzung dieses alten Dichters, die ich veröffentlicht habe; ich beschäftige mich seit zwanzig Jahren damit, Übersetzungen zu machen.«

»Was, werter Herr?«, sagte der Mathematiker. »Seit zwanzig Jahren haben Sie das Denken aufgegeben? Sie sprechen für die andern und jene denken für Sie?« – »Wie?«, sagte der Gelehrte. »Meinen Sie, dass ich dem Publikum keinen großen Dienst geleistet habe, indem ich ihm die Lesung guter Schriftsteller ermöglichte?« – »Das will ich nicht grade sagen. Ich schätze die großen Ingenien, die Sie umgestalten, wie nur einer. Aber Sie werden ihnen nie gleichen, denn Sie wird man nie übersetzen. Die Übersetzungen gleichen jenen Kupfermünzen, die wohl denselben Zahlwert haben wie die Goldmünzen und fürs Volk sogar wohl brauchbarer sind. Aber sie bleiben immer minderwertig und von geringem Feingehalt. Sie wollen, wie Sie sagen, die berühmten Toten unter uns wieder zum Leben erwecken, und ich gestehe, dass Sie ihnen auch einen Körper geben. Aber Sie geben ihnen nicht das Leben mit: Es fehlt immer der Geist, um ihnen Leben einzuhauchen. Warum bemühen Sie sich nicht um die Aufdeckung der zahlreichen schönen Wahrheiten, die uns eine leichte Rechnung täglich finden lässt?«

Nach dieser kleinen Auseinandersetzung trennten sie sich, wie ich glaube, sehr unzufrieden voneinander.

Die Geschichte der Troglodyten

(Stellenweise gekürzt)

Brief 11–14

Es gab in Arabien ein Völkchen, das Troglodyten hieß, Nachkommen jener alten Troglodyten, die, wenn man den Geschichtsschreibern glauben will, mehr Tieren als Menschen ähnlich sahen. Diese aber waren nicht so missgestaltet, auch nicht zottig wie Bären, pfiffen nicht und hatten zwei Augen. Aber sie waren so böse und wild, dass unter ihnen Recht und Billigkeit nichts galten.

Sie hatten einen stammfremden König, der sie, in der Absicht, ihr bösartiges Wesen zu bessern, streng behandelte. Aber sie machten eine Verschwörung gegen ihn, töteten ihn und beseitigten die ganze königliche Familie.

Nachdem der Streich gelungen war, versammelten sie sich, um eine Regierung zu wählen, und nach langem Hin und Her setzten sie auch Beamte ein. Aber kaum gewählt, wurden sie ihnen lästig, und sie ermordeten auch diese.

Nunmehr frei, folgte der Stamm seinen wilden Neigungen. Alle kamen überein, dass niemand mehr einem andern zu gehorchen hätte, dass jedermann nur über seine Interessen wachen sollte, ohne sich um die andern zu kümmern.

Dieser allgemeine Beschluss gefiel den Einzelnen sehr. Sie sagten: »Was soll ich mich auch tot arbeiten für Leute, die mir gleichgültig sind? Ich will nur an mich denken. Ich werde glücklich leben, was geht's mich an, ob es die Übrigen sind? Ich werde mir alle meine Lebensbedürfnisse selbst schaffen, und wenn ich die habe, kümmert's mich nicht viel, ob alle andern Troglodyten im Elend sitzen.«

Man war in dem Monat, wo gesät wird. Jeder sagte sich: »Ich werde mein Feld bebauen, nur damit es mir das zu meiner Nahrung nötige Getreide liefert. Eine größere Menge würde mir unnütz sein: Ich werde mir um nichts und wieder nichts keine Plage machen.«

Die Felder des kleinen Reiches waren nicht gleichartig. Einige lagen in dürren und bergigen Gegenden, andere auf wohl bewässertem Gelände. Dies Jahr war sehr trocken. Infolgedessen versagten die hoch gelegenen Äcker und die wohl bewässerten trugen reichliche Frucht. Die Bergbewohner starben in Massen, denn die anderen waren hartherzig genug, ihnen nichts abgeben zu wollen.

Im nächsten Jahr gab es sehr viel Regen und das Verhältnis des Ernteertrages kehrte sich um. Nun jammerte die andere Hälfte des Volkes vor Hunger, fand aber natürlich ihrerseits auch keine Hilfe bei den Genossen.

Einer der ersten Männer hatte eine sehr schöne Frau. Sein Nachbar verliebte sich in sie und entführte sie. Großer Streit erhob sich, und nach mancherlei Gezänk und Schlägen ging man, Entscheidung suchend, zu einem Troglodyten, der zur Zeit der Republik in Ansehen gestanden hatte. Der aber wies sie ab. »Was liegt mir daran«, sagte er, »ob die Frau dir oder dir gehört? Ich muss jetzt meinen Acker pflügen gehen und kann meine Zeit nicht damit verschwenden, eure Streitigkeiten zu schlichten und eure Geschäfte zu besorgen, während ich meine vernachlässige. Lasst mich gefälligst in Ruhe und behelligt mich nicht mit euren Zänkereien.« Daraufhin verließ er sie und ging hin, sein Land zu bebauen. Der Entführer, der der Stärkere war, schwor, dass er lieber sterben als die Frau zurückgeben würde. Der andere, ganz erfüllt von der Ungerechtigkeit seines Nachbarn und von der Härte des Richters, begab sich verzweifelt auf den Heimweg, als ihm eine junge und schöne Frau begegnete, die vom Brunnen herkam: Er hatte keine Frau mehr, diese gefiel ihm, und sie gefiel ihm noch besser, als er erfuhr, dass es die Frau des erfolglos als Schiedsrichter angerufenen Mannes sei, der gegen sein Unglück so gleichgültig gewesen war. Er entführte sie und nahm sie mit nach Haus.

Es gab einen Mann, der ein ziemlich fruchtbares Feld besaß, das er mit großem Fleiß bebaute. Zwei seiner Nachbarn taten sich zusammen, verjagten ihn aus seinem Haus und bemächtigten sich seines Feldes. Sie verbündeten sich, ihren neuen Besitz gegen jedermann zu verteidigen. Aber einer von ihnen ward der Teilung bald überdrüssig, tötete den andern und machte sich zum Herrn des Ackers. Doch sein Reich dauerte nicht lange. Zwei andere, die stärker waren als er, ermordeten ihn.

Ein anderer Troglodyt, der fast nackt war, sah Wolle, die zu verkaufen war. Er fragte nach dem Preis. Der Verkäufer sagte sich: »Eigentlich dürfte ich für meine Wolle nur so viel Erlös erwarten, um mir zwei Maß

Getreide zu kaufen. Aber ich will sie viermal so teuer verkaufen, um acht Maß zu haben.« Der andere musste sich fügen und den verlangten Preis zahlen. »Jetzt bin ich froh«, sagte der Verkäufer, »nun kann ich Getreide schaffen.« – »Wie«, sagte der Käufer, »du brauchst Getreide? Ich habe welches zu verkaufen. Nur wirst du dich etwas über den Preis wundern. Aber du wirst wissen, dass Getreide sehr teuer ist und fast überall Hungersnot herrscht. Gib mir mein Geld wieder und du sollst ein Maß Getreide haben. Anders gebe ich es nicht her, und wenn du elendiglich vor Hunger umkommen solltest.«

Indessen verheerte eine grausame Krankheit die Gegend. Ein geschickter Arzt aus einem Nachbarland kam und heilte durch seine Kunst alle, die sich seinen Händen anvertrauten. Als er aber seinen Lohn einforderte, wiesen ihn alle schnöde ab und er brachte nichts nach Haus als die Ermüdung von seiner langen Reise. Bald aber trat die Krankheit wieder und diesmal viel heftiger auf. Nun gingen sie zu ihm und warteten nicht, bis er kam. Da sprach er zu ihnen: »Hebt euch hinweg, ihr ungerechten Menschen. Ihr habt in eurer Seele ein Gift, das schlimmer ist als das, von dem ihr geheilt sein möchtet. Ihr dürft keinen Raum auf der Erde beanspruchen, weil ihr keine Humanität besitzt und die Gesetze der Billigkeit euch unbekannt sind. Ich würde fürchten, die Götter, die euch strafen wollen, zu kränken, wenn ich mich der Gerechtigkeit ihres Zorns widersetzte.«

Brief 12. (Fortsetzung)

Du hast gesehen, mein lieber Mirza, wie die Troglodyten durch ihre eigene Schlechtigkeit zugrunde gingen. Von so vielen Familien blieben nur zwei von dem allgemeinen Unglück verschont. Nun gab es da zwei sehr eigenartige Menschen. Sie besaßen Menschlichkeit, sie wussten, was Gerechtigkeit ist, sie liebten die Tugend. Ebenso eng miteinander verknüpft durch die Gradheit ihres Herzens wie durch die Verderbtheit der anderen, sahen sie die allgemeine Trostlosigkeit, die sie nur insofern heimsuchte, als sie mit den andern Mitleid hatten: Grund genug für eine noch engere Vereinigung. Sie arbeiteten mit gemeinsamem Eifer für den gemeinsamen Nutzen. Sie hatten keine anderen Meinungsverschiedenheiten als solche, wie sie aus einer zarten und feinfühligen Freundschaft zu entstehen pflegen, und im fernsten Winkel ihres Landes, getrennt von ihren ihrer Gesellschaft unwürdigen Volksgenossen, führten sie ein glückliches und ruhiges Leben. Die Erde, gepflegt von diesen tugendreichen Händen, schien von selbst ihre Früchte herzugeben.

Sie liebten ihre Frauen und wurden von ihnen zärtlich geliebt. Ihr ganzes Trachten war, ihre Kinder zur Tugend zu erziehen. Sie hielten ihnen unermüdlich das betrübsame Beispiel ihrer Landsleute vor. Sie prägten ihnen vor allem ein, dass das Glück des Einzelnen immer in dem Glück der Allgemeinheit beschlossen ist: Sich davon trennen heißt sich verlieren. Die Tugend zu üben müsse uns leichtfallen, und man dürfe sie nicht als eine mühselige Übung ansehen.

Gerechtigkeit gegen den Nächsten aber sei Liebe gegen uns selbst.

Bald hatten sie die Freude tugendhafter Väter, Kinder zu haben, die ihnen ähnlich sind. Das junge Geschlecht, das um sie her aufwuchs, schloss glückliche Ehen: Die Zahl nahm zu, die Einigkeit blieb immer dieselbe, und die Tugend, weit entfernt, sich mit der Masse zu schwächen, wurde vielmehr durch eine größere Zahl guter Beispiele gestärkt.

Wer könnte das Glück dieser Troglodyten ausmalen? Ein so gerechtes Volk mussten die Götter lieben. Sobald es die Augen öffnete, um sie zu erkennen, lernte es sie fürchten, und die Religion sänftigte, was die Natur in ihren Sitten etwa zu Raues gelassen hatte.

Sie richteten Feste zu Ehren der Götter ein. Die jungen Mädchen, mit Blumen geschmückt, und die jungen Männer feierten sie durch Tänze nach dem Klang einer ländlichen Musik. Man veranstaltete dann Feste, in denen die Freude ebenso wie die Einfachheit herrschte. Bei diesen Gelegenheiten sprachen die Herzen und fanden sich zueinander. Dort verriet sich jungfräuliche Scham in unabsichtlich entschlüpftem Geständnis, und der Väter Zustimmung gab ihm Bestätigung. Dort gefielen sich zärtliche Mütter darin, für ihre Tochter eine Verbindung in Liebe und Treue zu erträumen.

Man besuchte die Tempel, um die Gunst der Götter zu erstehen. Doch galten die Wünsche nicht Reichtümern noch einem lästigen Überfluss. Derartige Wünsche wären der glücklichen Troglodyten unwürdig gewesen: Dergleichen vermochten sie nur für ihre Landsleute zu erflehen. Sie knieten an den Stufen der

Altäre nur nieder, um für die Gesundheit ihrer Väter, die Einigkeit ihrer Brüder, die Zärtlichkeit ihrer Frauen, die Liebe und den Gehorsam ihrer Kinder zu beten. Die jungen Mädchen brachten das zarte Opfer ihrer Herzen und erbaten sich keine andere Gnade, als einen Troglodyten glücklich zu machen.

Abends, wenn die Herden die Weiden verließen und die müden Stiere den Pflug heimwärts brachten, versammelten sie sich. Dann besangen sie die Untaten der ersten Troglodyten und ihre Leiden, das Wiedererstehen der Tugend in einem neuen Volk und sein Glück. Sie feierten die Größe der Götter und wie sie der Menschen aufrichtige Gebete stets erhören, die aber mit ihrem Zorn erreichen, die sie nicht fürchten. Dann beschrieben sie die Freuden eines ländlichen Lebens und das Glück eines Lebens im Schmuck der Unschuld. Früh gaben sie sich einem Schlummer hin, den keine Sorge noch Kummer unterbrach.

(Brief 13 setzt die Schilderung der märchenhaften Glückseligkeit der Troglodyten fort und erzählt, wie sie den Einfall eines Nachbarvolkes in ihr Land dank ihrer außerordentlichen, in ihrer Tugend begründeten Tapferkeit erfolgreich abwehren.)

Brief 14. (Schluss)

Da das Volk von Tag zu Tag wuchs, hielten die Troglodyten es für angezeigt, einen König zu wählen. Sie kamen überein, dass man die Krone dem übertragen müsste, der der Gerechteste wäre, und sie richteten ihre

Blicke alle auf einen Greis, der durch sein Alter und eine lang erprobte Tugendhaftigkeit verehrungswürdig war. Er hatte sich nicht zu dieser Versammlung einfinden wollen; er hatte sich in sein Haus zurückgezogen, das Herz von Trauer erfüllt.

Als man ihm Abgeordnete zuschickte, um ihm die auf ihn gefallene Wahl kundzutun, sagte er: »Gott wolle verhüten, dass ich den Troglodyten das Unrecht antäte, dass man meinen könne, es gäbe keinen Gerechteren unter ihnen als mich. Ihr übertragt mir die Krone, und wenn ihr es durchaus verlangt, werde ich sie wohl annehmen müssen. Aber seid gewiss, ich werde vor Schmerz darüber sterben, dass ich bei meiner Geburt die Troglodyten frei gesehen habe und sie heute unterjocht sehen muss.« Bei diesen Worten begann er, Ströme von Tränen zu vergießen. »Unseliger Tag!«, sagte er. »Und warum habe ich so lange leben müssen?« Dann rief er in strengem Ton aus: »Ich sehe wohl, ihr Troglodyten, wie es steht. Eure Tugend beginnt, euch beschwerlich zu fallen. In dem Zustand, in dem ihr euch befindet, müsst ihr tugendhaft sein, ihr mögt wollen oder nicht. Sonst würdet ihr nicht bestehen können und würdet dem unglücklichen Geschick eurer Vorväter verfallen. Aber dies Joch scheint euch zu hart. Ihr zieht es vor, einem Fürsten unterworfen zu sein und seinen Gesetzen zu gehorchen, die weniger streng sind als eure Sitten. Ihr wisst, dass ihr dann euren Ehrgeiz befriedigen, Reichtümer erwerben und in einer schlaffen Wollust hinleben könnt und dass ihr, wenn ihr nur nicht in große Vergehungen verfallet, die Tugend nicht mehr brauchen werdet.« Er hielt einen Augenblick inne, und seine Tränen flossen reichlicher denn je. »Und was erwartet ihr, dass ich tun soll? Wie soll ich einem Troglodyten etwas befehlen? Wollt ihr, dass er eine tugendhafte Handlung tut, weil ich sie ihm befehle, er, der sie genauso ohne mich tun würde, allein seinem natürlichen Trieb folgend? O ihr Troglodyten! Ich stehe an den Marken meiner Tage, und träge rinnt das Blut in meinen Adern, und bald werde ich zu euren heiligen Vätern versammelt sein: Warum wollt ihr, dass ich sie betrübe und mich genötigt sehe, ihnen zu sagen, dass ich euch unter einem andern Joch als dem der Tugend gelassen habe?«

Das Recht

Brief 94. Usbek an Rhedi, Venedig

Ich habe niemals vom öffentlichen Recht reden hören, ohne dass man nicht eine genaue Untersuchung darüber angestellt hätte, welches der Ursprung der menschlichen Gemeinschaft sei. Das scheint mir lächerlich. Wenn die Menschen keine Gemeinschaft bildeten, wenn sie sich sonderten und mieden, dann müsste man nach dem Grund fragen und untersuchen, warum sie sich getrennt halten. Aber von ihrer Geburt an sind sie, alle mit allen, verknüpft. Ein Sohn kommt neben seinem Vater zur Welt und hält sich an ihn: Das ist Gemeinschaft und der Ursprung der Gesellschaft.

Das öffentliche Recht ist in Europa bekannter als in Asien. Indessen kann man sagen, dass die Leidenschaften der Fürsten, die Geduld der Völker und die Schmeichelei der Rechtsschriftsteller alle seine Grundsätze entstellt haben.

Dies Recht, so wie es heute ist, ist eine Wissenschaft, die die Fürsten lehrt, bis zu welchem Punkt sie die Gerechtigkeit verletzen können, ohne ihre eigenen Interessen zu schädigen. Welch Unterfangen, lieber Rhedi, wenn man, um ihr Gewissen hart und fühllos zu machen, die Ungerechtigkeit in ein System bringt, ihr Regeln gibt, Grundsätze aus ihr ableitet und Folgerungen aus ihr zieht!

Die unumschränkte Macht unserer erhabenen Sultane, die kein anderes Gesetz kennt als sich selbst, erzeugt nicht mehr Ungeheuer als diese unwürdige Kunst, die die unbeugsame Gerechtigkeit zu beugen unternimmt.

Man sollte meinen, Rhedi, dass es zweierlei Gerechtigkeiten gibt, die voneinander ganz verschieden seien. Die eine regelt die Angelegenheiten der Einzelnen und herrscht im bürgerlichen Recht. Die andere schlichtet die Streitigkeiten zwischen Volk und Volk und herrscht wie ein Tyrann im öffentlichen Recht – als wenn das öffentliche Recht nicht auch ein bürgerliches Recht wäre, freilich nicht mit dem Anspruch auf Gültigkeit für ein einzelnes Volk, sondern für die ganze Welt!

In einem anderen Brief werde ich Dir meine Gedanken darüber auseinandersetzen.

Brief 95. Usbek an denselben (Fortsetzung)

Die Beamten sollen Recht sprechen zwischen Bürger und Bürger, jedes Volk soll es sprechen zwischen sich und jedem andern Volk. In dieser zweiten Rechtsprechung kann man keine anderen Grundsätze anwenden als bei der ersten.

Zwischen Volk und Volk bedarf es selten eines dritten, um ein Urteil zu fällen, weil die Gegenstände des Streites fast immer klar und leicht bestimmbar sind. Die Interessen zweier Nationen sind meist so getrennt, dass ein Volk, um das Rechte zu finden, es nur aufrichtig zu lieben braucht; ein Volk kann in eigener Sache kaum blind sein.

Es ist mit den zwischen Privatleuten auftretenden Streitigkeiten anders. Da sie in geselligen Beziehungen leben, sind ihre Interessen so vermengt und vermischt, es gibt deren so mannigfaltige, dass unvermeidlich ein Dritter zu entwirren versuchen muss, was die Begehrlichkeit der Parteien verdunkeln möchte.

Es gibt nur zwei Arten von gerechten Kriegen, die einen, die geführt werden, um einen angreifenden Feind zurückzuweisen, die anderen, um einem angegriffenen Bundesgenossen zu helfen.

Keine Gerechtigkeit läge in einem Krieg, der unternommen würde, um private Streitigkeiten des Herrschers auszutragen, vorausgesetzt, dass der Fall nicht so schwer läge, dass er den Tod des Fürsten oder des Volkes verdiente, von denen das Unrecht begangen wäre. Also darf ein Fürst nicht einen Krieg wegen einer ihm verweigerten Ehrenbezeigung anfangen, auch nicht weil man seinen Gesandten nicht in der gehörigen Weise begegnet ist oder aus ähnlichen Gründen – so wenig wie ein Privatmann jemanden töten darf, der ihm den ihm gebührenden Vorrang streitig macht. Der Grund liegt darin, dass, da die Kriegserklärung immer ein Akt der Gerechtigkeit sein soll, bei dem die Strafe dem Vergehen entspricht, man immer prüfen muss, ob der, dem man den Krieg erklärt, den Tod verdient. Denn mit jemand Krieg anfangen heißt ihn mit dem Tod bestrafen wollen.

Im Staatenrecht ist der strengste Akt der Justiz der Krieg, weil er als Folge die Zerstörung eines Gemeinwesens haben kann.

Repressalien gehören ihrer Strenge nach zur zweiten Stufe.

Ein dritter Akt der Justiz besteht darin, einen fremden Fürsten der Vorteile zu berauben, die er aus unserm Land ziehen kann, indem wir immer Strafmaß und Vergehen ins richtige Verhältnis setzen.

Der vierte Akt der Justiz, der der häufigste sein darf, besteht in der Kündigung des Bündnisses mit dem Volk, über das man sich zu beklagen hat.

Beschränktheit des Urteils

Brief 59. Rica an Usbek

Neulich war ich in einem Haus, wo eine bunt zusammengesetzte Gesellschaft war. Die Leitung der Unterhaltung fand ich von zwei alten Damen beansprucht, die den ganzen Morgen gearbeitet hatten, um sich zu verjüngen. »Man muss gestehen«, sagte die eine, »dass die heutigen Männer sehr anders sind als die unserer Jugendzeit. Die waren höflich, liebenswürdig, gesellig. Aber die jetzigen finde ich von einer unerträglichen Rücksichtslosigkeit.« – »Alles ist verändert«, sagte da ein Herr, der sich vor Gicht kaum bewegen konnte, »die Welt ist nicht mehr dieselbe wie vor vierzig Jahren. Damals war alle Welt gesund, man war beweglich, man war heiter, man dachte nur an Tanz und Lust: Jetzt ist alle Welt von einer unerträglichen Trübseligkeit.« Einen Augenblick später kam das Gespräch auf Politik. »Weiß Gott«, sagte ein alter, würdiger Herr. »Man versteht ja heute nicht mehr zu regieren. Nennen Sie mir heutzutage einen Minister wie Colbert! Ich kannte Colbert sehr gut, er gehörte zu meinen Freunden. Er ließ mir immer meine Pension vor allen andern auszahlen. Damals herrschte noch Ordnung in den Finanzen, und alle Welt hatte Geld. Heute bin ich am Bettelstab.« – »Mein verehrter Herr«, sagte da ein Geistlicher, »Sie sprechen da von der wunderbarsten Zeit unseres unbesiegbaren Monarchen. War ihm ein Opfer zu groß, wenn es galt, Ketzerei zu zerstören?« – »Na, und rechnen Sie die Abschaffung der Duelle für nichts?«, warf ein anderer ein, der bis dahin geschwiegen hatte. »Die Bemerkung ist sehr begründet«, flüsterte mir jemand ins Ohr. »Dieser Herr ist über das Duellverbot entzückt. Er beobachtet es so genau, dass er vor einem Halbjahr hundert Stockhiebe hinnahm, um es nicht zu verletzen.«

Es scheint mir, Usbek, dass wir beim Beurteilen der Dinge im Geheimen immer nur auf unsere ganz besonderen Eigentümlichkeiten Bezug nehmen. Ich bin nicht erstaunt, dass die Neger den Teufel als von blendender Weiße schildern und ihre Götter als kohlschwarz. Man hat sehr richtig bemerkt, dass, wenn die Dreiecke sich einen Gott machten, sie ihm drei Seiten geben würden.

Mein lieber Usbek, wenn ich sehe, wie diese Menschlein, die auf einem Atom, genannt Erde, herumkrabbeln, das im Weltall nur ein Staubkorn ist, sich geradezu als Maß für die Weltleitung hinstellen, so weiß ich nicht, wie ich solche Kleinheit mit solcher Überschätzung zusammenreimen soll.

Die Selbstmörder

Brief 76. Usbek an seinen Freund Ibben

Die europäischen Gesetze sind erbarmungslos streng gegen die Selbstmörder. Man schlägt sie sozusagen noch einmal tot, man schleift sie durch den Schmutz der Straßen, man behaftet sie mit dem Makel der Ehrlosigkeit, man zieht ihre Güter ein.

Es scheint mir, Ibben, dass diese Gesetze sehr ungerecht sind. Wenn ich von Schmerz, Elend, Verachtung erdrückt werde, warum will man mich hindern, meinen Leiden ein Ende zu setzen, und warum beraubt man mich eines Heilmittels, das in meinen Händen ist?

Warum verlangt man, dass ich für eine Gemeinschaft arbeite, der ich nicht mehr angehören will? Dass ich gegen meinen Willen einen Vertrag halte, der ohne meinen Willen abgeschlossen ist? Die Gesellschaft beruht auf gegenseitigem Vorteil, aber wenn sie mir lästig ist, was hindert mich da, auf sie zu verzichten? Das Leben ist mir als ein Gunstbeweis zuteilgeworden, ich kann es also wiedergeben, wenn es das nicht mehr für mich ist: Die Ursache verschwindet, die Wirkung muss also auch verschwinden.

Verlangt der Fürst, dass ich sein Untertan sei auch dann noch, wenn ich aus dieser Untertanschaft keinen Vorteil mehr ziehe? Können meine Mitbürger auf dieser ungleichen Verteilung, für sie der Nutzen, für mich die Verzweiflung, bestehen? Kann Gott, der sich dadurch von allen andern Wohltätern zu seinem Nachteil unterscheiden würde, mich dazu verurteilen, Gnadenbeweise anzunehmen, die mich drücken?

Ich bin wohl verpflichtet, den Gesetzen zu gehorchen, solange ich unter ihnen lebe; wenn ich aber nicht mehr unter ihnen lebe, können sie da noch für mich verbindlich sein?

Aber, wird man sagen, du störst die Ordnung der Vorsehung. Gott hat unsere Seele mit dem Körper vereint, du widersetzest dich also seinen Absichten und bist widerspenstig gegen ihn.

Was soll das wohl heißen? Störe ich etwa die Ordnung der Vorsehung, wenn ich die Materie umgestalte, wenn ich einen Würfel aus einer Kugel mache, die die ursprünglichen Gesetze der Bewegung, das heißt die Gesetze der Schöpfung und der Erhaltung rund gestaltet hatten? Nein, ohne Frage! Ich mache nur Gebrauch von dem Recht, das mir gegeben ist, und in diesem Sinn darf ich nach meinem freien Ermessen die ganze Natur umstürzen, ohne dass man mir sagen darf, ich widersetzte mich der Vorsehung.

Wenn meine Seele nun wirklich vom Körper getrennt sein wird, wird darum im Weltall weniger Ordnung und Regelmäßigkeit herrschen? Glaubt ihr, dass diese neue Zusammenstellung weniger vollkommen und weniger abhängig von den allgemeingültigen Gesetzen sein wird? Dass die Welt etwas dabei verloren hat und dass die Werke Gottes deshalb weniger groß oder vielmehr weniger unermesslich sind?

Meint ihr, wenn sich die Stoffe meines Körpers in einen Kornhalm, einen Wurm, ein Rasenstück wandeln, dass dies Werk der Natur ihrer weniger würdig ist und dass meine Seele, von allen irdischen Anhängseln befreit, weniger erhaben geworden sei?

All diese Gedanken, mein lieber Ibben, haben keine andere Quelle als unsere Überhebung. Wir fühlen unsere Kleinheit nicht, und sosehr sie auch vorhanden sein mag, möchten wir doch im Weltall zählen, eine Figur darin spielen, ein wichtiger Gegenstand darin sein. Wir bilden uns ein, dass die Zerstörung eines so vollkommenen Wesens wie wir die ganze Natur um eine Stufe herabsetzen müsste, und wir begreifen nicht, dass ein Mensch mehr oder weniger in der Welt – was sage ich? –, alle Menschen zusammen, hundert Millionen Erden wie unsere nur ein kleines und verlorenes Atom bedeuten, dessen Gott nur gewahr wird, weil sein Wissen nicht von einem Maß abhängig ist.

Leichenfeier

Brief 40. Usbek an Ibben

Sobald ein Großer gestorben ist, versammelt man sich in einer Moschee und hält ihm die Leichenrede, d. i. eine Rede zu seinem Lob, bei der man aber sehr in Verlegenheit sein würde, das Verdienst des Verstorbenen daraus genau zu erkennen.

Ich möchte den Pomp beim Leichenbegängnis beseitigen. Man muss die Menschen bei ihrer Geburt beweinen, nicht bei ihrem Tod! Wozu dienen die Zeremonien und der ganze düstere Aufzug, den man bei einem Sterbenden in seinen letzten Augenblicken veranstaltet, sogar die Tränen seiner Angehörigen und die Schmerzensäußerungen seiner Freunde – wozu dienen sie anders, als für seine eigene Vorstellung den Verlust zu übertreiben, der ihm bevorsteht?

Wir sind so blind, dass wir nicht wissen, wann wir trauern, wann wir uns freuen sollen. Wir haben fast immer nur falsche Trauer oder falsche Freuden.

Wenn ich den Großmogul sehe, der sich alljährlich auf eine Waage begibt, um sich wie ein Stück Rind wiegen zu lassen, wenn ich sehe, wie seine Völker sich darüber freuen, dass ihr König materiell zugenommen hat, d.h. um ebenso viel unfähiger geworden ist zu regieren, dann, Ibben, ergreift mich ein tiefes Mitleid mit der menschlichen Verblendung.

Wahre Tugend

Brief 50. Rica an †††

Ich habe Leute gesehen, bei denen die Tugend so natürlich war, dass sie sich nicht einmal bemerkbar machte: Sie erfüllten ihre Pflicht, ohne sich darunter zu beugen, und taten sie wie aus Instinkt. Weit entfernt, durch viel Gerede auf ihre seltenen Eigenschaften aufmerksam zu machen, schienen sie selbst ihrer gar nicht gewahr zu werden. Solche Leute lieb ich, nicht solche tugendhaften Menschen, die immer über ihre eigene Tugendhaftigkeit erstaunt zu sein scheinen und die eine gute Handlung wie ein Wunderbegebnis betrachten, dessen Mitteilung Überraschung hervorrufen muss.

Wenn für die, denen der Himmel große Gaben verliehen hat, die Bescheidenheit eine unerlässliche Eigenschaft ist, was soll man von diesen Eintagsfliegen sagen, die einen Stolz zu zeigen wagen, der die größten Menschen verunzieren würde?

Ich sehe allerseits Leute, die unaufhörlich von sich selber reden. Ihre Unterhaltung ist ein Spiegel, in dem ihr aufdringliches Gesicht sich immerwährend zeigt. Sie werden mit Dir von den geringsten Kleinigkeiten reden, die ihnen begegnet sind, und verlangen, dass das Interesse, das sie daran nehmen, sie in Deinen Augen wichtiger erscheinen lasse. Sie haben alles gemacht, alles gesehen, alles gesagt, alles gedacht. Sie sind ein allgemeingültiges Vorbild, ein unerschöpfliches Thema zu Vergleichen, eine Quelle von Beispielen, die nie versiegt. O wie fade ist Selbstlob!

Vor einigen Tagen plagte uns ein derartiger Mensch mit Erörterungen über sich, seine Verdienste, seine Talente. Aber da es nirgends in der Welt eine ununterbrochene Bewegung gibt, hörte er auch einmal zu reden auf, und wir konnten das Wort ergreifen.

Und das taten wir. Einer, der ziemlich ärgerlich schien, beklagte sich über die Langweiligkeit der Unterhaltungen: »Was! Immer Narren, die nur sich selbst bespiegeln und alles nur auf sich beziehen.« – »Sie haben recht«, begann plötzlich unser Dauerredner wieder. »Man muss es so machen wie ich. Ich lobe mich niemals. Ich bin reich, bin von vornehmer Geburt, weiß mein Geld auszugeben, meine Freunde sagen mir, dass ich geistig etwas vorstelle. Aber von alledem spreche ich niemals. Wenn ich gute Eigenschaften habe, ist meine Bescheidenheit mir die wertvollste.«

Ich bewunderte diesen unverschämten Gesellen, und während er ganz laut redete, sagte ich ganz leise: »Glücklich, wer eitel genug ist, um von sich niemals Gutes zu reden, der seine Zuhörer fürchtet und sein Verdienst niemals der hochfahrenden Abweisung anderer aussetzt.«

Heer und Offiziersehre

Brief 89. Usbek an Ibben

Die Ruhmessucht ist wesentlich nicht verschieden von dem Erhaltungstrieb, den alle Geschöpfe haben. Es kommt uns vor, als wenn wir unser Wesen vergrößerten, wenn wir ihm in dem Gedächtnis der anderen Menschen einen bleibenden Platz verschaffen. Es ist ein neues Leben, das wir so erwerben und das uns ebenso wertvoll wird wie das vom Himmel empfangene.

Aber wie nicht alle Menschen in gleichem Maß am Leben hängen, so sind sie auch nicht gleichmäßig empfänglich für den Ruhmesgedanken. Diese edle Leidenschaft ist ihnen wohl auch ins Herz gesenkt, aber Fantasie und Erziehung wandeln sie auf tausend verschiedene Weisen.

Besteht dieser Unterschied schon zwischen Mensch und Mensch, ist er in weit höherem Grad fühlbar zwischen Volk und Volk.

Man kann als Grundsatz aufstellen, dass in jedem Staat das Ruhmverlangen wächst mit der Freiheit der Untertanen und mit ihr abnimmt: Der Ruhm ist nie der Genosse des Sklaventums.

Ein sehr vernünftiger Mann sagte mir neulich: »Man ist in Frankreich in vielen Hinsichten freier als in Persien; folglich liebt man hier auch den Ruhm mehr. Diese glückliche Vorstellung lässt jeden Franzosen mit Lust und Liebe tun, was ein Sultan von seinen Untertanen nur erreicht, indem er ihnen unaufhörlich Strafen und Belohnungen vor Augen hält.

So ist denn auch der Fürst bei uns eifersüchtig auf die Erhaltung der Ehre auch des letzten seiner Untertanen bedacht. Dafür gibt es eigene, hoch angesehene Gerichtshöfe. Das ist gleichsam das heiligste Gut der Nation und das einzige, über das der Herrscher nicht frei verfügt, weil er das schon in seinem eigenen Interesse nicht darf. Wenn sich also ein Untertan in seiner Ehre durch den Fürsten selbst für gekränkt hält, sei es durch eine Bevorzugung oder ein Zeichen der Missachtung, verlässt er sofort den Hof, sein Amt, seinen Dienst und zieht sich ins Privatleben zurück.

Der Unterschied zwischen den französischen Soldaten und den Euren ist der, dass die einen sich aus ihrer Natur nach feigen Sklaven zusammensetzen, die die Todesfurcht nur aus Furcht vor Strafe überwinden. Das erzeugt aber in der Seele eine neue Art von Furcht, die sie geradezu stumpfsinnig macht. Die anderen dagegen werfen sich den feindlichen Waffen mit Begeisterung entgegen und bannen die Todesfurcht durch eine ihr überlegene Befriedigung.

Aber das Allerheiligste der Ehre, des guten Rufes und der Tugend scheint in den Republiken errichtet und den Ländern, wo man das Wort Vaterland aussprechen kann. In Rom, in Athen, in Sparta bezahlte die Ehre allein die ausgezeichnetsten Dienste. Ein Kranz von Eichenblättern oder Lorbeer, ein Standbild, eine Lobrede galt als eine gewaltige Belohnung für eine gewonnene Schlacht oder eine eroberte Stadt.

Dort fand sich ein Mann, der eine gute Tat getan, durch diese Tat schon hinreichend belohnt. Er konnte nicht einen seiner Landsleute anblicken, ohne das frohe Bewusstsein zu haben, sein Wohltäter zu sein: Er zählte die Zahl seiner Verdienste nach der seiner Mitbürger. Jeder Mensch ist fähig, einem andern Gutes zu tun, aber den Göttern gleichen heißt es, wenn man zu einer ganzen Gemeinschaft Glück beiträgt.

Muss nun nicht dieser edle Wetteifer im Herzen der Perser ganz erloschen sein, bei denen Amt und Würde nur von der Laune des Herrschers abhängen? Guter Ruf und Tugend gelten dort als eingebildet, wenn sie nicht von der Gunst des Fürsten begleitet sind, mit der sie entstehen und vergehen. Ein Mann, der die allgemeine Achtung für sich hat, ist doch niemals sicher, am nächsten Tag nicht ehrlos zu sein. Heut ist er noch kommandierender General: Vielleicht macht ihn der Fürst morgen zu seinem Leibkoch, und er kann nur noch auf den Ruhm hoffen, ein gutes Ragout zu bereiten.«

Brief 90. (Fortsetzung)

Aus dieser allgemein verbreiteten Leidenschaft der Franzosen für den Ruhm hat sich in der Seele des Einzelnen ein gewisses Etwas herausgebildet, das man Ehrgefühl nennt. Es ist das Kennzeichen eines jeden Standes, doch ist es am ausgesprochensten bei den Mitgliedern des Heeres: Das nennt man das Ehrgefühl par excellence. Es wäre schwer, Dir davon eine Vorstellung zu geben, weil wir nichts ganz Entsprechendes haben.

Ehemals gehorchten die Franzosen, besonders die Adligen, kaum anderen Gesetzen als denen dieses Ehrgefühls. Diese Gesetze regelten ihre ganze Lebensführung, und sie waren so streng, dass man nicht ohne eine Strafe, die grausamer als die Todesstrafe war, ihre kleinste Bestimmung, ich will nicht sagen übertreten, sondern nicht einmal umgehen konnte.

Wenn es sich um Erledigung von Streitigkeiten handelte, so schrieben sie eigentlich nur einen Weg vor, das Duell, das alle Schwierigkeiten beseitigte. Aber das Üble dabei war, dass das Urteil oft zwischen anderen Parteien als den eigentlich dabei interessierten ausgetragen wurde.

Vorausgesetzt, dass ein Mann mit einem anderen bekannt war, musste er bei einem vorliegenden Streit mit seiner Person für ihn eintreten, als wenn er selber der Gereizte wäre. Er fühlte sich immer durch eine solche Wahl und eine so schmeichelhafte Bevorzugung geehrt: Und einer, der nicht vier Goldstücke hingegeben hätte, um einen anderen nebst seiner ganzen Familie vor dem Galgen zu bewahren, erhob keine Schwierigkeit, wenn es sich darum handelte, sein Leben für ihn zu wagen.

Diese Art der Entscheidung war ziemlich schlecht ausgedacht. Denn daraus, dass ein Mann stärker oder geschickter als ein anderer war, folgte noch nicht, dass das Recht auf seiner Seite stand.

Folglich haben die Könige das Duell bei strenger Strafe verboten. Aber vergeblich. Denn die Ehre, die immer noch herrschen will, empört sich dagegen und erkennt keine Gesetze an.

Folglich sind die Franzosen in einer bösen Zwangslage. Denn dieselben Ehrengesetze zwingen einen Ehrenmann, sich zu rächen, wenn er beleidigt ist, und auf der anderen Seite straft ihn die Justiz mit den grausamsten Strafen, wenn er sich rächt. Folgt man den Ehrengesetzen, stirbt man auf dem Schafott, folgt man den bürgerlichen, wird man für alle Zeit aus der bürgerlichen Gesellschaft ausgeschlossen. Es gibt also nur die eine grausame Wahl: sterben oder unwürdig sein zu leben.

Die Juden

Brief 69. Usbek an Ibben, Smyrna

Du fragst mich, ob es in Frankreich auch Juden gibt? Wisse, dass überall, wo es Geld gibt, es auch Juden gibt. Du fragst mich, was sie hier treiben? Genau dasselbe, was sie auch in Persien tun. Nichts gleicht einem asiatischen Juden mehr als ein europäischer.

Sie zeigen bei den Christen wie bei uns ein zähes Festhalten an ihrer Religion, das bis zur Torheit geht.

Die jüdische Religion ist ein alter Stamm, von dem zwei Zweige ausgehen, die die ganze Erde überschatten, ich meine den Mohammedanismus und das Christentum. Oder sie ist vielmehr eine Mutter, die zwei Töchter gezeugt hat, die sie dann mit tausend Wunden bedeckt haben. Denn in religiösen Dingen sind die Nächsten die größten Feinde. Aber wie schlechte Behandlung sie auch von ihnen hat tragen müssen, sie hört nicht auf, sich dessen zu rühmen, dass sie sie in die Welt gesetzt habe. Sie bedient sich beider, um die ganze Welt zu umspannen, während andrerseits ihr verehrungswürdiges Alter alle Zeiten umfasst.

Die Juden betrachten sich also als die Quelle aller Heiligkeit und den Ursprung jeglicher Religion. Uns betrachten sie dagegen als Ketzer, die das Gesetz umgestoßen haben, oder vielmehr als abtrünnige Juden.

Wenn die Umgestaltung sich unmerklich vollzogen hätte, meinen sie, wären sie auch leicht verführt worden. Aber da sie plötzlich und gewaltsam eingetreten ist, da sie Tag und Stunde beider Geburten angeben können, rümpfen sie die Nase darüber, dass man unser Alter nachrechnen kann, und halten fest an einer Religion, die so alt ist wie die Welt selbst.

Sie haben sich niemals in Europa einer so ruhigen Zeit erfreut, wie die jetzige für sie ist. Man beginnt unter den Christen den Geist der Unduldsamkeit abzulegen, der früher lebendig war. Man hat in Spanien bei der Vertreibung der Juden schlechte Geschäfte gemacht, wie in Frankreich bei der Beunruhigung derjenigen Christen, deren Glauben etwas von dem des Königs abwich. Man ist dahintergekommen, dass der Eifer für die Weiterverbreitung einer Religion etwas anderes ist als die Anhänglichkeit, die man für sie haben soll, und dass, um sie zu lieben und zu bewahren, es nicht nötig ist, die zu hassen und zu verfolgen, die sie nicht beobachten.

Es wäre zu wünschen, dass die Muselmanen über diesen Gegenstand ebenso vernünftig dächten wie die Christen, damit man endlich einmal zwischen Ali und Abu Bakr Frieden machen und Gott die Sorge überlassen könnte, zwischen seinen heiligen Propheten den Entscheid zu treffen. Ich wollte, dass man sie durch Handlungen der Achtung und Anbetung ehrte und nicht durch unbegründete Bevorzugungen und dass man sich ihre Gunst zu sichern suchte, welchen Platz ihnen auch Gott angewiesen haben möge, zu seiner Rechten oder unter dem Schemel seiner Füße.

Nationalcharakter der Franzosen

Brief 87. Rica an †††

Man sagt, dass der Mensch ein geselliges Tier sei. Von dem Gesichtspunkt aus betrachtet ist ein Franzose mehr Mensch als irgendein anderer: Er ist der Mensch par excellence, denn er scheint einzig für die Geselligkeit geschaffen.

Aber ich habe unter den Franzosen Leute bemerkt, die nicht nur gesellig sind, sondern die allgemeine Geselligkeit selbst. Sie vervielfältigen sich nach allen Ecken und Enden, sie bevölkern im gleichen Augenblick die vier Viertel einer Stadt. Hundert Menschen dieser Art machen mehr Wirtschaft als zweitausend Durchschnittsbürger. Sie könnten für die Augen der Fremden ganz allein die Lücken verdecken, die Hunger und Pestilenz gerissen haben. Man fragt in der Philosophie, ob ein Körper gleichzeitig an mehreren Orten sein kann: Sie sind ein Beweis für das, was die Philosophen in Frage ziehen.

Sie scheinen immer geschäftig, weil sie das hochwichtige Geschäft haben, jeden, der ihnen zu Gesicht kommt, zu fragen, woher er kommt und wohin er geht.

Man würde vergeblich ihnen die Einbildung auszutreiben versuchen, dass es zum guten Ton gehört, jedem Einzelnen der Gesellschaft alltäglich einen Besuch zu machen, ungerechnet die Besuche im Großen an den Orten, wo man sich trifft. Aber da diese letzteren viel zu einfach sind, rechnen sie in ihrem Zeremoniale nicht.

Sie nutzen die Türen mit den Schlägen der Türklopfer mehr ab, als es Wind und Wetter tun. Wollte man die Liste aller Portiers nachsehen, würde man seinen Spaß daran haben, wie ihr Name in der Orthografie dieser braven Schweizer misshandelt wird. Ihr Leben geht auf in Beteiligung an Begräbnissen, Trauerbesuchen und Hochzeitsgratulationen. Hat der König einem seiner Untertanen eine Auszeichnung zuteilwerden lassen, kostet's sie einen Wagen, um zu dem Beglückten zu fahren und ihm ihre Freude auszudrücken. Dann kehren sie so recht ermüdet nach Haus zurück, um sich auszuruhen und am andern Morgen ihre mühsamen Funktionen wieder aufzunehmen.

Einer von ihnen starb neulich an gänzlicher Erschöpfung, und man setzte ihm folgende Grabschrift: »Hier ruht, der niemals ruhte. Er ist hinter 135 Begräbnissen hergewandelt. Er hat freudig Anteil genommen an der Geburt von 2680 Kindern. Die Pensionen, wegen denen er seine Freunde, und immer in verschiedenen Ausdrücken, beglückwünscht hat, belaufen sich auf 2 600 000 Livres. Der Weg, den er auf dem Pflaster von Paris zurückgelegt hat, beträgt 9600 Stadien, der auf dem Land 36. Seine Unterhaltung war sehr unterhaltend: Er hatte einen Vorrat von 365 Geschichten. Außerdem besaß er seit seiner frühesten Jugend 118 geistreiche Aussprüche, die den alten Schriftstellern entnommen waren und die er bei besonders glänzenden Anlässen anwandte. Er starb endlich im 60. Jahr seines Lebens. Ich verstumme, o Wanderer, denn wie wollte ich damit fertig werden, Dir alles zu sagen, was er getan und was er gesehen hat?«

Brief 82. Rica an Ibben, Smyrna

Obgleich die Franzosen viel sprechen, gibt es doch unter ihnen eine Art von schweigsamen Derwischen, die man Kartäuser nennt. Man sagt, dass sie sich beim Eintritt ins Kloster die Zunge abschneiden, und man möchte sehr wünschen, dass die anderen Derwische sich ebenso alles abschneiden möchten, was sie in ihrem Amt nicht weiter verwenden können und sollen.

Übrigens, was mir dabei einfällt: Es gibt noch viel schweigsamere Leute als die Kartäuser, die ein ganz außergewöhnliches Talent besitzen. Das sind die Leute, die es verstehen zu reden, ohne etwas zu sagen, und die eine Unterhaltung zwei geschlagene Stunden beleben, ohne dass es möglich wäre, sie zu verstehen, sich ihre Gedanken zu eigenem Gebrauch anzueignen noch ein Wort zu behalten von dem, was sie gesagt haben.

Diese Sorte Männer wird von den Frauen angebetet, aber doch noch nicht so sehr wie andere, die von der Natur die liebenswürdige Gabe empfangen haben, im rechten Augenblick zu lächeln – das heißt also alle Augenblicke –, und die die Anmut einer heiteren Zustimmung über alles breiten, was die Damen sagen.

Aber auf dem Gipfel der Geistreichigkeit sind sie erst, wenn sie bei allem etwas zu finden wissen und es verstehen, tausend kleine geistreiche Züge auch in den gewöhnlichsten Dingen zu entdecken.

Ich kenne noch andere, die sich auf die Kunst verstehen, leblose Dinge an der Unterhaltung teilnehmen zu lassen, also z. B. ihren gestickten Rock, ihre blonde Perücke, ihre Tabaksdose, ihren Spazierstock, ihre Handschuhe mitreden zu lassen. Es ist empfehlenswert, sich bereits von der Straße aus durch das Gerassel seines Wagens und des heftig aufgeschlagenen Türklopfers bemerklich zu machen: Diese Einleitung bereitet auf den Rest der Rede würdig vor, und wenn der Eingang schön ist, macht er alle Dummheiten erträglich, die dann kommen, aber die dann glücklicherweise zu spät kommen.

Ich versichere Dir, dass diese Talentchen, von denen man bei uns nicht viel Aufhebens machen würde, hier denen, die so glücklich sind, sie zu besitzen, sehr zustattenkommen und dass ein Mensch von gesundem Menschenverstand neben diesen Leuten kaum eine glänzende Rolle spielt.

Brief 36. Usbek an Rhedi, Venedig

Der Kaffee ist sehr beliebt in Paris. Es gibt eine große Zahl öffentlicher Lokale, wo man ihn ausschenkt. In einigen dieser Häuser tauscht man die Tagesneuigkeiten aus, in andern spielt man Schach. Eins gibt es, wo man den Kaffee so zubereitet, dass er denen, die ihn trinken, Geist verleiht. Wenigstens gibt es keinen, der nicht beim Verlassen des Lokals viermal so viel zu haben meint, als er beim Betreten desselben besaß.

Aber was mich an diesen Schöngeistern stört, ist, dass sie sich ihrem Vaterland nicht nützlicher machen und ihren Witz an kindische Dinge verschwenden. So fand ich beispielsweise, als ich nach Paris kam, sie über den kleinlichsten Gegenstand, den man sich denken kann, in erhitztem Streit. Es handelte sich um den Ruf und das Ansehen eines alten griechischen Dichters namens Homer, dessen Geburtsort man seit 2000 Jahren ebenso wenig kennt wie sein Todesjahr. Beide Parteien geben zu, dass er ein ausgezeichneter Dichter sei, es handelte sich nur noch um das Mehr oder Weniger, das man ihm zuerkennen müsste. Ein jeder wollte ihn einschätzen, aber unter diesen Verteilern des Nachruhms wogen die einen besser als die andern – das war der Streit. Er war ziemlich lebhaft, und die herzlich gemeinten Grobheiten und Spöttereien flogen derartig herüber und hinüber, dass die Art des Streits nicht minder meine Bewunderung erregte als der Streitgegenstand. Wenn nun, sagte ich mir im Stillen, jemand unbesonnen genug wäre, vor einem dieser Verteidiger des griechischen Dichters den Ruf eines ehrenwerten Mitbürgers anzugreifen, so würde er nicht schlecht ankommen, und ich glaube, dass diese so zarte Besorgnis um den Ruf eines Toten nachdrücklich in Flammen geraten würde, um den der Lebenden zu schützen! Aber wie dem auch sei, fügte ich hinzu, Gott bewahre mich davor, mir je die Feindschaft eines dieser Zensoren des alten Dichters zuzuziehen, den der zweitausendjährige Aufenthalt im Grab nicht vor einem so unversöhnlichen Hass hat retten können! Jetzt führen sie schmerzlose Lufthiebe. Aber wie würde es erst sein, wenn ihre Wut durch die Gegenwart eines lebendigen Feindes gereizt würde?

Die, von denen ich eben sprach, streiten sich in der gewöhnlichen Sprache. Man muss sie von einer anderen Art Wortkämpfer unterscheiden, die sich einer barbarischen Sprache bedienen (des sogenannten scholastischen Lateins), die ihre Wut und Hartnäckigkeit noch zu steigern scheint. Es gibt Stadtviertel – (bei der Sorbonne, d.h. der Universität) –, wo man dicke, schwarze Haufen solcher Leute sieht. Sie nähren sich von Definitionen und leben von dunklen Prämissen und falschen Folgerungen. Dies Gewerbe, in dem man hungers sterben müsste, ernährt doch seinen Mann.

Erläuterungen zu den Persischen Briefen

Zu Brief 24 (Seite 10)

Der Schluss des Briefes bezieht sich auf den Streit der Jansenisten. Diese waren eine sich nach dem Bischof von Ypern (1585–1638) nennende Sekte, die in Frankreich festen Fuß gefasst hatte und sogar in Paris ein Nonnenkloster, Port Royal des Champs, und ein Männerkloster, das berühmte Port Royal, besaß, aus dem unter anderen Pascal und Racine hervorgegangen sind. Sie standen in starkem Widerspruch zu der katholischen Orthodoxie, indem sie über deren Lehren hinweg zu der Einfachheit des Urchristentums zurückkehren wollten, Äußerlichkeiten gering schätzten, ein schlichtes und sittlich reines Leben als einzige Bedingung hinstellten, ja die Erlösung nicht von den guten Werken und der Vermittlung irgendeines Kirchendieners, sondern allein von der inneren Heiligung des Menschen abhängig machten. Das Papsttum nahm ihnen gegenüber keinen konsequenten Standpunkt ein, entschloss sich aber zuletzt doch zu ihrer Verurteilung, die durch zwei Bullen Clemens' XI., die Bulle *Vineam domini*, 1705, und die Bulle *Unigenitus*, 1713, vollzogen wurde. Beide zusammen nannte man die Konstitution. Sie hat im ganzen 18. Jahrhundert viel Kämpfe hervorgerufen. Da der 24. Brief das von uns fortgelassene fingierte Datum 1712 trägt, passt das freilich auf keine der beiden Bullen und es liegt hier also ein übrigens ganz belangloser Gedächtnisfehler Montesquieus vor, der den Brief vielleicht 1720 niederschrieb.

Die Feinde der Jansenisten waren naturgemäß die Jesuiten, denen auch der Provinzial Le Tellier, des Königs Beichtvater, angehörte.

Zu Brief 85 (Seite 23)

Der Brief richtet sich gegen die 1685 erfolgte Aufhebung des Edikts von Nantes. Von Heinrich IV. im Jahr 1598 erlassen, gewährte es den Protestanten freie Religionsübung. Seine Aufhebung durch Ludwig XIV. hatte die grausamste Behandlung der Protestanten zur Folge, die zur Auswanderung von etwa 200 000 Réfugiés führte.

Zu Brief 35 (Seite 26)

Montesquieu spielt hier auf ein Buch *Polygamia triumphatrix* an, das 1682 erschien und aus Altem und Neuem Testament zu beweisen suchte, dass die Vielweiberei erlaubt, ja geboten sei. Bedeutung hat es nie gehabt.

Zu Brief 135 (Seite 52)

Montesquieu gebraucht die Worte Algebra und Algebristen hier in einem, übrigens damals allgemein angenommenen, Sinn. John Law, auf den angespielt wird, war solch ein Algebrist, Erfinder eines Systems, das angeblich die Reichtümer des Einzelnen wie der Nation mühelos ins Unermessliche steigern sollte. Uns fehlt heute mit der Sache auch das Wort.

Zu Brief 108 (Seite 59)

Die damaligen französischen »Zeitschriften« sind nicht mit unseren heutigen zu vergleichen. Es waren halbmonatlich oder monatlich erscheinende Hefte, die von den neuen literarischen Erscheinungen berichteten, besonders Inhaltsangaben der neuen Bücher brachten.

Dass Dichter Prügel bekamen, war etwas ganz Gewöhnliches. Bekannt ist, dass Voltaire für eine solche schmähliche Misshandlung, die ihm in seinem dreißigsten Lebensjahr widerfuhr, vergeblich Genugtuung zu erlangen versucht hat. Man sagte ihm, dass er, als er unter die Dichter ging, ja gewusst haben müsse, was seiner unter Umständen warte.

Zu Brief 36 und 128 (Seite 71 und 104)

Gemeint ist beide Mal das Café Procope, das sich gegenüber der Comédie Française befand, so genannt nach seinem Wirt, einem Sizilianer, der als der Erste das neue Getränk in Paris ausschenkte. Dieses Café blieb zwei Jahrhunderte hindurch der Sammelplatz aller bedeutenden Geister von Paris.

Von dem Geist der Gesetze

oder

von der Beziehung, welche die Gesetze haben sollen zu der Regierungsform jedes Landes, seinen Sitten, dem Klima, der Religion, dem Handel usw.

Mit einem Anhang neuer Untersuchungen über die das Erbfolgerecht betreffenden römischen Gesetze, die französischen Gesetze und die feudalen Gesetze.

1748

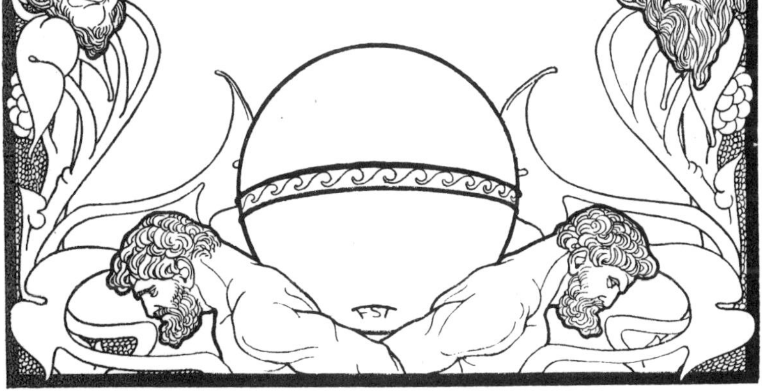

Vorbemerkung zur Übersetzung

Da die nachfolgenden Auszüge aus dem »Geist der Gesetze« noch stärker als die aus Montesquieus beiden anderen Hauptwerken von den Grundsätzen beeinflusst worden sind, die für diese Sammlung maßgebend sein sollen, ist es notwendig, Folgendes zu beachten:

Die »Betrachtungen« füllen in der großen Ausgabe von Laboulaye etwa zweihundert, die »Persischen Briefe« etwa viereinhalbhundert Seiten, der »Geist der Gesetze« gegen vierzehnhundert. Wenn hier von dem letzteren Werk ein verhältnismäßig viel kleinerer Teil geboten wird, so sind dafür nicht nur Rücksichten auf den Raum maßgebend gewesen, sondern vor allem die Frage: Was kann von Montesquieus Erörterungen noch heute den Leser fesseln, fördern und zu dem fruchtbaren Selbstdenken anregen, das der Verfasser als bedeutungsvollste Wirkung seiner eigenen Gedankenarbeit ersehnte?

Der Stoff, den Montesquieu nicht als Erster, wohl aber von ganz neuen Gesichtspunkten anpackte, war schon damals von ungeheurer Ausdehnung, obschon das ihm vorliegende Material nur einen kleinen Teil von dem ausmacht, was wir heute dank unserer gewaltig gesteigerten Kenntnis von den Bewohnern der Erdoberfläche einer ähnlichen Arbeit zugrunde legen könnten und müssten. Es ist gar nicht in Abrede zu stellen, dass er trotz einer hingebenden zwanzigjährigen Arbeit dieses Stoffes nicht Herr geworden ist. Weder hat er ihn hinreichend gesichtet und geordnet noch ihn nach allen Seiten hin bis in seine letzten Folgerungen hinein vertieft. Sein Buch ist voller Abschweifungen, die den strengen Gedankengang unterbrechen, wenn sie auch aufklärend wirken und manches Mal grade das enthalten, was von bleibendem Wert ist. Es ist voller Längen und ermüdender Wiederholungen, es geht Wege, denen niemand heute zu folgen Lust hat, weil sie von den politischen Denkern längst verlassen sind. So scheiden für unsere Zwecke vornehmlich die Teile aus, in denen diese Mängel am stärksten hinderlich hervortreten, sowie die, welche vor unserer heutigen Kenntnis gar nicht mehr standhalten können. Aber auch in dem, was bleibt, zeigt sich naturgemäß Montesquieu als Kind seiner Zeit, Sohn seines Volkes, Mitglied seines Standes, dass er auf den Anspruch, ein Lehrmeister künftiger Geschlechter in unbeschränktem Sinn zu sein, verzichten muss. Doch auch hier muss noch eine Aussprache mit ihm für jeden von Nutzen sein, der nur nicht vergessen will, dass doch auch er schließlich ein Kind unserer Zeit ist, die dereinst auch nur eine Stufe auf dem Weg der fortschreitenden Erkenntnis bilden wird.

Bei einem derartigen Auszug des Wertvollsten ist es nun aber nicht zu vermeiden gewesen, dass der Übersetzer an einigen Stellen das Wort ergriff, um eine Verbindung herzustellen, die zum Verständnis unerlässlich war. Es gilt das besonders vom Anfang, also Buch 1–10, deren Inhalt wohl am wenigsten ansprechen würde. Es mag vielleicht auf den ersten Blick nicht sehr angenehm berühren, wenn der Übersetzer dem Verfasser so oft dreinredet, doch mag bedacht werden, dass ohne jeglichen Kommentar der Geist der Gesetze überhaupt nicht gelesen werden kann und hier ja auch nur eine Art Kommentar geboten werden soll. Vom 11. Buch an konnte eine weitaus größere Zurückhaltung geübt und dem Verfasser allein das Wort gelassen werden. Mit dem 25. Buch konnten die Auszüge dann schließen. Das 26. versucht eine Abgrenzung der verschiedenen Rechtsgebiete, die ein allgemeines Interesse nicht erwecken kann. Das 27., 28., 30. und 31. enthalten den Niederschlag geschichtlicher Forschungen über römisches und französisches Recht, auf die Montesquieu zwar sehr stolz war, die aber der Kritik am wenigsten standgehalten haben. Das 29. bereitet dem Leser eine Enttäuschung. Es soll der Überschrift nach davon handeln, »wie Gesetze abzufassen sind«, widmet aber diesem Thema eigentlich nur den 16. und 17. Abschnitt und weiß hier keine tiefere Weisheit vorzutragen, als dass Gesetze knapp, einfach und nicht mehrdeutig sein dürfen.

Endlich ist zu bemerken, dass Unebenheiten, ja wohl gar Unklarheiten und Widersprüche im Text nicht der Übersetzung zur Last zu legen sind. Montesquieu rang mit seinen Gedanken. Neu, wie sie waren, verlangten sie ein neues Gewand, neue Ausdrücke, Umprägung und eigenartige Anwendung alter. Seine Gewohnheit, zu diktieren und dabei oft nur den verkürzten Auszug längerer Gedankenreihen zu geben, kommt hinzu, mancherlei zu erklären. Das Streben nach einer das Verständnis bequem machenden Breite sowie nach einem glänzenden Stil lag ihm vollkommen fern. Die Schönheit des Ausdrucks wurde immer den höheren Rücksichten geopfert.

Einführung

Sollte sich in dem reichen Inhalt dieses Buches etwas finden, das ganz gegen mein Erwarten jemanden kränkte, so kann ich wenigstens versichern, dass mir jegliche böse Absicht vollkommen ferngelegen hat. Ich bin von Natur nicht tadelsüchtig. Plato dankte dem Himmel, dass er zur Zeit des Sokrates geboren sei, und ich danke ihm, dass er mich unter der Regierung hat geboren werden lassen, unter der ich lebe, und dass er gewollt hat, ich solle denen gehorchen, die ich liebe.

Um eine Vergünstigung bitte ich, fürchte freilich, dass man sie mir nicht gewährt, nämlich nicht nach dem Eindruck einer flüchtigen Lesung eine Arbeit von zwanzig Jahren zu beurteilen. Will man dies Buch anerkennen oder verurteilen, so nehme man es als ein Ganzes und halte sich nicht an einzelne Wendungen und Gedanken. Sucht man nach der Absicht des Verfassers, kann man sie wohl nur im Plan des ganzen Buches entdecken.

Zuerst habe ich die Menschen prüfend beobachtet, und da habe ich gefunden, dass sie bei aller unendlichen Verschiedenheit der Gesetze und Sitten nicht einzig und allein durch die Laune ihrer Einfälle geleitet worden sind.

Ich habe dann die allgemeinen Grundsätze aufgestellt und gesehen, wie die Sonderfälle sich von selbst in sie fügten, die geschichtlichen Entwicklungen aller Völker nur ihre Folgen waren, und dass jedes Sondergesetz mit einem anderen verknüpft war oder von einem anderen, allgemeineren abhing.

Musste ich von dem Altertum reden, habe ich seinen besonderen Geist zu erfassen gesucht, um nicht wesentlich verschiedene Fälle als gleichartig zu betrachten und nicht die Unterschiede derer zu übersehen, die gleichartig scheinen.

Ich habe meine leitenden Gedanken nicht aus meinen Vorurteilen, sondern aus der Natur der Dinge hergenommen.

Auch hier werden viele Wahrheiten sich erst herausstellen, wenn man die Verkettung mit anderen erkennt. Je mehr man über die Einzelheiten nachdenkt, umso deutlicher wird man die Zuverlässigkeit der allgemeinen Grundsätze empfinden. Und auch diese Einzelheiten habe ich nicht alle gegeben. Denn wer könnte alles aussprechen, ohne tödlich langweilig zu werden?

Man wird in diesem Buch nicht jene stark ins Auge fallenden Züge finden, welche die Werke unserer Zeit zu kennzeichnen scheinen. Wenn man sich nur die Dinge von einem gewissen höheren Gesichtspunkt ansieht, pflegen diese hervorspringenden Punkte sich zu verwischen; denn sie verdanken ihr Entstehen gewöhnlich nur dem Umstand, dass der Geist sich einer gänzlich einseitigen Betrachtung hingibt.

Ich schreibe nicht, um irgendwelche in irgendeinem Land zu Recht bestehende Einrichtung zu kritisieren. Jedes Volk wird hier die Begründung seiner Regierungsgrundsätze finden. Und daraus wird man naturgemäß den Schluss ziehen, dass Abänderungsvorschläge nur deren Sache sind, die, unter einem glücklichen Stern geboren, mit genialem Blick die gesamte Verfassung eines Staates zu durchdringen vermögen.

Es ist nicht gleichgültig, ob ein Volk aufgeklärt wird. Die Vorurteile der Regierenden sind immer zuerst die Vorurteile des Volkes gewesen. In einer Zeit der Unwissenheit kennt man keine Bedenken, auch wenn man das größte Unheil anrichtet; in einer Zeit der Aufklärung zittert man selbst dann noch, wenn man die besten Unternehmungen beginnt. Man fühlt die alten Missbräuche, man sieht ihre Verbesserungsmöglichkeit; aber man sieht auch noch die Mängel der Verbesserungen. Man lässt das Schlechte bestehen, wenn man das Schlimmere fürchtet; das Gute, wenn man über das Bessere in Zweifel ist. Man betrachtet die Einzelheiten nur, um ein Urteil über das Ganze zu haben; man prüft die Ursachen, um alle Folgen zu sehen.

Wenn ich das herbeiführen könnte, dass jeder in diesem Buch neue Gründe dafür fände, seine Pflichten zu lieben, seinen Herrscher, sein Vaterland, seine Gesetze; dass man sein Glück deutlicher empfände in jedem

Land, unter jeder Regierung, auf jedem Posten, auf dem man steht – dann würde ich mich für den glücklichsten aller Sterblichen schätzen.

Wenn ich das herbeiführen könnte, dass die Regierenden ihre Kenntnisse über das, was sie vorschreiben sollen, erweiterten und die Regierten eine neue Freude am Gehorsam fänden, dann würde ich mich für den glücklichsten aller Sterblichen schätzen.

Ich würde mich für den glücklichsten aller Sterblichen schätzen, wenn ich es erreichen könnte, dass die Menschen von ihren Vorurteilen geheilt würden. Vorurteile nenne ich hier nicht das, was bewirkt, dass man gewisse Dinge nicht kennt, sondern das, was bewirkt, dass man sich selber nicht kennt.

Dadurch, dass man die Menschen aufzuklären sucht, kann man jene oberste Tugend ausüben, welche die Liebe zu allen umfasst. Der Mensch, dies wandlungsfähige Wesen, das sich in der Gemeinschaft den Gedanken und Eindrücken der anderen anpasst, ist in gleichem Maß fähig, seine eigene Natur zu erkennen, wenn man sie ihm zeigt, wie jegliche Vorstellung davon zu verlieren, wenn man sie ihm verhüllt.

Ich habe dies Werk oft begonnen und ebenso oft wieder beiseitegelegt, tausendmal die schon geschriebenen Seiten dem Wind zum Spiel überlassen. Manchen Tag ließ ich ermattet die schaffenden Hände sinken. Ich verfolgte meinen Gegenstand ohne festen Plan, ich erkannte nicht die Regeln, nicht die Ausnahmen, ich fand die Wahrheit nur, um sie wieder zu verlieren. Aber als ich erst meine Leitsätze gefunden hatte, kam mir alles von selbst entgegen, und im Verlauf von zwanzig Jahren habe ich mein Werk beginnen, wachsen, vorrücken und sich vollenden sehen.

Wenn dies Werk Beifall findet, werde ich ihn in hohem Grad der Erhabenheit meines Gegenstandes verdanken. Indessen, glaube ich, hat mich mein Genius nicht gänzlich in Stich gelassen. Als ich sah, was so viele bedeutenden Männer in Frankreich, in England und in Deutschland vor mir über denselben Gegenstand geschrieben haben, ergriff mich aufrichtige Bewunderung. Aber ich verlor keineswegs den Mut. »Auch ich bin ein Maler«, habe ich mit Correggio gesprochen.

Vorbemerkung des Verfassers

Zum Verständnis der vier ersten Bücher dieses Werkes muss man beachten, dass das, was ich die »Tugend« in der Republik nenne, die Vaterlandsliebe, das heißt die Gleichheitsliebe ist. Das ist weder eine sittliche noch eine christliche Tugend, sondern das ist die politische Tugend, und das ist die Triebfeder, die einer republikanischen Regierung Bewegung verleiht wie die »Ehre« einer monarchischen. Also, ich habe »politische Tugend« die Liebe zum Vaterland und zur Gleichheit genannt. Ich habe neue Ideen gehabt, darum wohl oder übel auch neue Worte finden oder den alten einen neuen Sinn geben müssen.

Zweitens: Man muss beachten, dass ein großer Unterschied dazwischen besteht, ob man sagt, dass eine gewisse Eigenschaft oder Gestaltung der Seele oder eine gewisse Tugend nicht die Triebfeder einer Regierungsform ist, oder ob man sagt, dass sie überhaupt in dieser Regierungsform nicht vorhanden ist. Wenn ich sagte, solch Rad oder solcher Hebel sind nicht die Triebfeder dieser Uhr, wollte man daraus schließen, dass sie überhaupt nicht in der Uhr vorhanden sind? Weit gefehlt, dass die sittlichen und die christlichen Tugenden aus einer Monarchie ausgeschlossen seien! Sogar die politische Tugend ist es nicht. Also: Die Ehre ist in der Republik, obschon die politische Tugend ihre Triebfeder; politische Tugend ist in der Monarchie, obschon die Ehre ihre Triebfeder.

Endlich: Der gute Mensch, von dem im 5. Abschnitt des 3. Buches die Rede ist, ist nicht der christlich gute Mensch, sondern der politisch gute Mensch, der die beregte politische Tugend hat. Es ist der Mensch, der die Gesetze seines Landes liebt und aus Liebe zu ihnen handelt.

Buch 1

Von den Gesetzen im Allgemeinen

1. Die Gesetze in ihren Beziehungen zu den verschiedenen Wesen

Gesetze im weitesten Sinne sind die naturnotwendigen Beziehungen, die aus dem Wesen der Dinge herfließen, und in diesem Sinne hat alles, was ist, seine Gesetze – die Gottheit, die materielle Welt, die dem Menschen überlegenen Intelligenzen, die Tiere, der Mensch.

Wer behauptet hat, dass ein blindes Verhängnis alle Wirkungen, die wir in der Welt sehen, hervorgebracht hat, hat eine große Widersinnigkeit ausgesprochen. Denn welcher Widersinn ist größer als ein blindes Verhängnis, das denkende Wesen hervorgebracht hat?

Es gibt also einen Urgrund der Dinge, und die Gesetze sind die Beziehungen, die zwischen ihm und den verschiedenen Wesen bestehen, sowie die Beziehungen dieser verschiedenen Wesen untereinander.

Gott hat Beziehungen zum Weltall als Schöpfer und als Erhalter. Die Gesetze, nach denen er geschaffen hat, sind die, nach denen er erhält. Er handelt nach diesen Gesetzen, weil er sie kennt; er kennt sie, weil er sie geschaffen hat; er hat sie geschaffen, weil sie Beziehung haben zu seiner Weisheit und seiner Macht.

Da wir sehen, dass die Welt, gebildet durch Bewegung der Materie, aber der Intelligenz bar, fortfährt zu bestehen, müssen ihre Bewegungen unveränderliche Gesetze haben; und wenn man sich eine andere Welt vorstellen könnte als diese, so würde sie auch beständige Gesetze haben oder zerstört sein.

So setzt die Schöpfung, die ein willkürlicher Akt zu sein scheint, ebenso unveränderliche Gesetze voraus wie das Verhängnis der Atheisten. Es wäre widersinnig zu sagen, dass der Schöpfer ohne diese Gesetze die Welt regieren könnte, weil die Welt ohne sie nicht bestehen würde.

Diese Gesetze sind eine feststehende Beziehung. Zwischen zwei in Bewegung befindlichen Körpern wird alle Bewegung entsprechend den Beziehungen von Masse und Geschwindigkeit übertragen, vermehrt, vermindert, verzehrt. Jede Verschiedenheit ist Gleichförmigkeit, jede Veränderung Beständigkeit.

Die vernunftbegabten Einzelwesen können Gesetze haben, die sie gemacht haben, aber sie haben auch Gesetze, die sie nicht gemacht haben. Ehe es vernunftbegabte Wesen gab, waren vernunftbegabte Wesen möglich. Sie hatten also auch mögliche Beziehungen, folglich auch mögliche Gesetze. Ehe es gemachte Gesetze gab, gab es mögliche rechtliche Beziehungen. Behaupten, dass es nichts Gerechtes noch Ungerechtes gibt, außer was die positiven Gesetze vorschreiben oder verbieten, heißt behaupten, dass, ehe man den ersten Kreis zog, auch noch nicht alle Radien gleich gewesen wären.

Man muss also das Vorhandensein von Gerechtigkeitsbeziehungen vor dem positiven Gesetz, das sie festlegte, zugeben; wie zum Beispiel: Vorausgesetzt, dass es eine menschliche Gesellschaft gäbe, so würde es recht sein, sich ihren Gesetzen zu fügen; oder: Wenn es vernünftige Wesen gäbe, die von einem anderen Wohltaten empfangen hätten, so würden sie dafür erkenntlich sein müssen usw.

Aber es fehlt viel daran, dass die Regierung der Welt des geistigen Geschehens ebenso gut sei wie die der Welt des physischen Geschehens. Denn obschon auch jene Gesetze hat, die ihrer Natur nach unveränderlich sind, folgt sie ihnen nicht so beständig wie die physische Welt den ihren. Der Grund davon ist, dass vernunftbegabte Wesen von Natur beschränkt und darum dem Irrtum unterworfen sind, andrerseits liegt es auch in ihrer Natur begründet, dass sie auch von sich aus handeln. Sie folgen also ihren ursprünglichen Gesetzen nicht beständig, und den selbst gegebenen Gesetzen folgen sie nicht immer.

Man weiß nicht, ob die Tiere nur den allgemeinen Bewegungsgesetzen folgen oder ob sie einen besonderen Antrieb haben. Wie dem aber auch sei, sie haben zu Gott keine engeren Beziehungen als die übrige materielle Welt, und ihre Empfindungen dienen ihnen nur in den Beziehungen, die sie zueinander, zu anderen Einzelwesen oder zu sich selbst haben.

Ihr Selbsterhaltungstrieb beruht auf dem Streben nach Lustgefühlen, und ebendarauf beruht auch ihr

Trieb, die Gattung zu erhalten. Sie haben natürliche Gesetze, weil sie durch die Empfindung miteinander verknüpft sind; sie haben keine positiven Gesetze, weil sie keine Erkenntnis haben. Dennoch folgen sie ihren natürlichen Gesetzen nicht ohne Abweichung. Die Pflanzen, an denen wir weder Empfindung noch Erkenntnis bemerken, folgen ihnen besser.

Die Tiere haben nicht unsere hohen Vorzüge; dafür haben sie andere, die wir nicht haben. Sie haben nicht unsere Hoffnungen, aber auch nicht unsere Befürchtungen. Sie erleiden wie wir den Tod, aber ohne ihn zu kennen. Die Mehrzahl sorgt besser für ihre Selbsterhaltung als wir und macht keinen so schlechten Gebrauch von ihren Leidenschaften.

Der Mensch wird, insoweit er ein natürliches Wesen ist, ebenso wie alle anderen Körper von unveränderlichen Gesetzen beherrscht. Als vernunftbegabtes Wesen verletzt er unaufhörlich die von Gott eingesetzten Gesetze und ändert an denen, die er selbst gegeben hat. Er muss über sich bestimmen und ist doch ein beschränktes Wesen. Er ist der Unkenntnis und dem Irrtum ausgesetzt wie alle begrenzten Intelligenzen. Die schwachen Erkenntnisse, die er hat, verdirbt er noch: Denn als empfindendes Geschöpf ist er tausend Leidenschaften unterworfen. Ein solches Wesen konnte alle Augenblicke seinen Schöpfer vergessen: Gott hat ihn durch die Gesetze der Religion zu sich zurückgerufen. Ein solches Wesen konnte alle Augenblicke sich selbst vergessen: Die Philosophen haben seine Aufmerksamkeit durch das Sittengesetz geschärft. Geschaffen, um in der Gemeinschaft zu leben, konnte er deren andere

Mitglieder vergessen: Die Gesetzgeber haben ihn durch die staatlichen und bürgerlichen Gesetze seinen Pflichten zurückgegeben.

3. Die positiven Gesetze

Das Gesetz im Allgemeinen ist die menschliche Vernunft, insoweit sie alle Völker der Erde regiert, und die staatlichen und bürgerlichen Gesetze jedes Volkes dürfen nur die Sonderfälle sein, in denen diese menschliche Vernunft zur Anwendung kommt.

Sie müssen derartig dem Volk, für das sie gegeben sind, angepasst sein, dass nur durch einen sehr großen Zufall die Gesetze des einen Volkes auch für ein anderes einmal passen können.

Sie müssen in Übereinstimmung sein mit dem Wesen und dem Grundzug der bestehenden oder einzusetzenden Regierung, sei es, dass sie diese gestalten, wie es die staatlichen Gesetze tun, sei es, dass sie sie aufrechterhalten wie die bürgerlichen.

Sie müssen angepasst sein den physikalischen Verhältnissen des Landes; dem kalten, dem heißen, dem gemäßigten Klima; seiner Bodenbeschaffenheit, seiner Lage und seiner Größe; der Lebensweise der Völker – Landbauern, Jäger oder Hirten; sie müssen sich richten nach dem Grad der Freiheit, die die Verfassung vertragen kann, nach der Religion der Einwohner und ihren Neigungen, ihrem Reichtum, ihrer Zahl, ihrem Handel, ihren Sitten, ihren Gewohnheiten. Endlich haben sie Beziehungen zueinander, sie haben solche zu ihrem Ursprung, zu dem Zweck des Gesetzgebers, zu der Ordnung der Dinge, auf denen sie begründet sind. Nach allen diesen Gesichtspunkten muss man sie betrachten.

Das zu tun, unternehme ich in diesem Werk. Ich werde alle diese Beziehungen prüfen: Sie alle zusammen bilden, was man den Geist der Gesetze nennt.

Aus Buch 2 und 3

(Es gibt drei Regierungsformen: die republikanische, die monarchische, die despotische. Erstere hat wiederum zwei Unterformen: die aristokratische und die demokratische Republik.

Man hat zu unterscheiden zwischen der Natur, dem Wesen einer Regierungsform – *la nature* – und ihrem Lebensprinzip, ihrer Triebfeder – *le principe*; »die Natur einer Regierungsform ist das, was sie so sein macht, wie sie ist, ihr Prinzip das, was sie handeln macht«.

Durch das Wesen einer Regierungsform sind gewisse Grundgesetze bedingt, ohne welche sie nicht bestehen kann. Da beispielsweise in einer Demokratie das Volk, das die souveräne Gewalt hat, seinen Willen nur in Wahlen und Abstimmungen zum Ausdruck bringen kann, sind Grundgesetze für eine Demokratie die Wahl und Abstimmung regelnden Gesetze.

Die Triebfeder oder das Lebensprinzip der Demokratie ist die politische Tugend, die der Aristokratie eine weise Mäßigung, die der Monarchie der Ehrbegriff, in den despotisch regierten Staaten die Furcht, wozu man vergleiche, was Montesquieu in seiner Vorbemerkung sagt.)

Buch 4

Die Gesetze der Erziehung müssen den verschiedenen Triebfedern der verschiedenen Regierungsformen entsprechen

Die Gesetze der Erziehung sind die ersten, die auf den heranwachsenden Menschen wirken, und da sie uns dazu vorbereiten, Bürger zu sein, muss jede einzelne Familie nach den Grundsätzen der großen Familie, die alle umfasst, geleitet werden. In den Monarchien werden sie also als Gegenstand die Ehre, in den Republiken die Tugend, in den despotischen Staaten die Furcht haben.

In einer Monarchie geben nicht die öffentlichen Schulen die Erziehung. Erst wenn wir in die Welt hinaustreten, beginnt sie gewissermaßen. Da ist die Schule dessen, was man die Ehre nennt, diese allgemeine Meisterin, die uns alle führen muss.

(Von der Erziehung des Volkes redet Montesquieu nicht, sondern nur von der Erziehung des Adels – Beamten- und Kriegeradels – und der Geistlichkeit. Den Begriff »Volk« schuf erst die Revolution.)

Dort – in der Monarchie – sieht man immer und dort hört man immer von drei Dingen: dass man in die Tugenden einen gewissen Adel, in die Sitten eine gewisse Freimütigkeit, in die Manieren eine gewisse Höflichkeit legen muss.

Die Tugenden, die man uns dort lehrt, sind immer weniger das, was man anderen schuldet, als was man sich selbst schuldig ist. Sie sind nicht so sehr das, was uns mit unseren Mitbürgern verbindet, als was uns von ihnen unterscheidet.

Die Ehre hat ihre obersten Regeln, denen sich die Erziehung anschließen muss. Die erste ist, dass es uns wohl erlaubt ist, Wert auf unseren Besitz zu legen, aber dass es uns vollständig untersagt ist, Wert auf die Erhaltung unseres Lebens zu legen. Die zweite ist, dass, wenn wir einmal einem Rang zugewiesen sind, wir nichts tun noch dulden, was zeigt, dass wir uns dieses Ranges selbst nicht für würdig halten. Die dritte ist, dass die Dinge, die die Ehre verbietet, noch strenger verboten sind, wenn die Gesetze sie nicht gleichfalls von sich aus verbieten, und dass die, welche die Ehre fordert, umso strengere Forderungen sind, wenn die Gesetze sie nicht fordern.

Wie die Erziehung in den Monarchien daran arbeitet, das Herz zu erheben, so sucht sie es in den despotischen Staaten nur zu erniedrigen. In ihnen muss sie knechtisch sein.

Die Mehrzahl der alten Völker lebten unter Regierungsformen, deren Lebensprinzip die Tugend war, und wenn sie unter ihnen in Blüte stand, so taten sie Dinge, die man heute nicht mehr erlebt und die unsere kleinen Seelen in Erstaunen setzen.

Ihre Erziehung hatte gegenüber der unseren noch einen anderen Vorzug, sie widersprach sich nie. Heutzutage empfangen wir drei verschiedene oder sogar sich widersprechende Erziehungen: die des Hauses, die der Schule, die der Welt. Was man uns in der letzteren sagt, stürzt alle Vorstellungen der beiden ersten um. Das kommt zum Teil von dem Gegensatz, der bei uns zwischen den Vorschriften der Religion und denen der Welt besteht und den die Alten nicht kannten.

In den Demokratien hat die Erziehung eine besonders schwere Aufgabe. Die politische Tugend ist eine Selbstverleugnung, die immer schmerzvoll ist. Man kann diese Tugend definieren als die Liebe zu den Gesetzen und zum Vaterland. Diese Liebe verlangt eine ständige Bevorzugung des öffentlichen Interesses vor dem eigenen. Damit die Kinder diese Liebe haben, gibt es ein sicheres Mittel: Die Väter müssen sie selber besitzen.

Man ist gewöhnlich imstande, seinen Kindern seine Kenntnisse zu geben; man ist es noch mehr, ihnen seine Leidenschaften zu geben.

Aus Buch 5

(Die Gesetze, die der Gesetzgeber gibt, müssen mit der Triebfeder jeder Regierungsform in Einklang stehen. So müssen in der Republik die Gesetze zur Tugend, d.h. zur Vaterlandsliebe führen; der Geist der Einfachheit und Gleichheitsliebe muss durch sie erhalten werden. Ähnlich in der aristokratisch regierten Republik, nur mit dem Unterschied, dass hier keine Gleichheit, sondern Mäßigkeit herrscht. In der Monarchie, deren »Prinzip« die Ehre ist, muss vor allem der Adel geschützt, gestützt und erhalten werden. Doch müssen die Gesetze auch ein gewisses Korrektiv gegen den absichtlichen oder unabsichtlichen Missbrauch der königlichen Gewalt bilden.

»Die monarchische Regierung hat einen großen Vorzug vor der republikanischen: Da die Staatsangelegenheiten von einem einzelnen ausgeführt werden, gibt es eine größere Raschheit in der Ausführung. Aber da diese Raschheit in Übereilung ausarten könnte, müssen die Gesetze eine gewisse Langsamkeit herbeiführen.« – »Was würde aus der schönsten Monarchie der Welt – nämlich Frankreich – geworden sein, wenn die Beamten durch ihre Verlangsamungen, ihre Klagen und Bitten nicht den Lauf, selbst der Tugenden ihrer Könige, aufgehalten hätten?« – »Die Monarchie hat auch vor dem Despotismus einen großen Vorzug. Da es in ihrer Natur liegt, dass es außer und unter den Fürsten noch mehrere Stände gibt, denen an der Erhaltung der Verfassung gelegen ist, ist der Staat fester, die Verfassung unerschütterlicher, die Person derer, die regieren, gesicherter.« Überhaupt liegt ein großer Segen in diesem Mitwirken der Stände und der Parlamente.)

Buch 6

(Handelt von der Handhabung der Gerichtsbarkeit in den verschiedenen Staatsformen.)

Buch 7

(Behandelt die »Folgen der verschiedenen ›Prinzipien‹ der drei Regierungsformen in Bezug auf die Luxusgesetze, den Luxus selbst und die Stellung der Frauen«.

»Der Luxus ist nur begründet auf den Bequemlichkeiten, die man sich durch die Arbeit anderer gibt.« Er ist unmöglich bei vollkommener Gleichheit des Besitzes, der dadurch erhalten bleibt, dass das Gesetz einem jeden nur das zur Erhaltung seines Lebens Notwendige gibt. Alles also, was über dies Notwendige hinausgeht, erscheint Montesquieu als Luxus.

Je weniger solchen Luxus eine Republik kennt, umso glücklicher ist sie. In einer Aristokratie muss auch der Luxus von dem Geist der Mäßigkeit beherrscht sein. In einer Monarchie ist er notwendig. Schon ihre Verfassung, indem sie verschiedene Stände vorsieht, setzt Ungleichheit des Besitzes voraus. »Wenn die Reichen nicht viel ausgeben, werden die Armen hungers sterben.« Nur in einem Fall dürfen in einer Monarchie Luxusgesetze gegeben werden: »wenn ein Staat merkt, dass fremde Waren von einem zu hohen Preis eine derartige Ausfuhr der seinigen erfordern würden, dass er sich dadurch seiner eigenen Bedürfnisse berauben würde«.

Der Abschnitt über die Frauen beginnt mit folgender Auseinandersetzung:)

In den Monarchien haben die Frauen wenig Zurückhaltung. Die der Stellung ihrer Familien zukommende Auszeichnung ruft auch sie an den Hof, und dort nehmen sie jenen freien Ton an, der fast der einzige dort geduldete ist. Jeder bedient sich ihrer Reize und ihrer Leidenschaften, um sein Glück zu fördern, und da ihre Schwäche ihnen keinen Stolz erlaubt, sondern nur Eitelkeit, herrscht mit ihnen dort der Luxus.

In den despotisch regierten Staaten führen die Frauen keinen Luxus ein, aber sie sind selbst ein Luxusgegenstand. Darum müssen sie ganz und gar wie Sklavinnen gehalten werden. Da die Gesetze dort streng sind und auf der Stelle ausgeführt werden, hat man Furcht, dass die Freiheit der Frauen dort Schwierigkeiten bereiten könnte. Ihre Zänkereien, ihre geringe Verschwiegenheit, ihre Widerspenstigkeit, ihre Neigungen, ihre Eifersüchteleien, ihre Nörgeleien, jene Kunst, welche die kleinen Seelen haben, die großen zu interessieren, würden dort nicht ohne Folgen sein.

Da ferner in diesen Staaten die Fürsten der menschlichen Natur spotten, haben sie mehrere Frauen, und tausend Rücksichten zwingen sie, dieselben einzuschließen.

In den Republiken sind die Frauen den Gesetzen nach frei, den Sitten nach gebunden. Der Luxus ist dort verbannt und mit ihm Verderbnis und Laster.

(Es folgen dann einige wenige Aufstellungen über die Freiheit, die Vormundschaft, die Mitgift der Frauen und zuletzt folgende Bemerkung:)

Es ist gegen die Vernunft und gegen die Natur, dass die Frauen Herrinnen im Kauf sind, wie das bei den Ägyptern der Fall war; aber es ist nicht gegen Vernunft und Natur, dass sie ein Reich regieren. Im ersten Fall gestattet ihnen ihre Schwäche keine hervorragende Stellung, im zweiten gibt ihnen gerade ihre Schwäche Sanftmut und Mäßigung, was viel eher eine gute Regierung ausmachen kann als harte und raue Tugenden.

Buch 8

Von der Verderbnis der Triebfedern der drei Regierungsformen

(Eine Republik kann nicht nur dadurch zugrunde gehen, dass die Liebe zur Gleichheit schwindet, sondern auch dadurch, dass sie übertrieben wird, d.h. dass niemand mehr gehorchen, sondern alle befehlen und keinen über sich dulden wollen. Der zweite Fall wird in folgenden Worten geschildert, zu denen am Ende des Jahrhunderts Napoleon eine glänzende Bestätigung liefern sollte:)

Es entstehen dann kleine Tyrannen, die alle Laster eines einzigen haben. Bald wird auch der letzte Rest Freiheit unerträglich, ein einziger Tyrann erhebt sich, und das Volk verliert alles, sogar den Vorteil, sich bestechen lassen zu können. Die Demokratie hat also zwei Auswüchse zu vermeiden: den Geist der Ungleichheit, der zur Aristokratie führt oder zur Herrschaft eines Einzelnen, und den Geist einer übertriebenen Gleichheit, der sie zum Despotismus eines Einzelnen führt, wie der Despotismus eines Einzelnen seinerseits dann mit Eroberungszügen endet.

(Die Abschnitte 6 und 7 behandeln die »Verderbnis des Prinzips der Monarchie«. Hier wie überall, wo Montesquieu von einer Monarchie redet, muss man »Frankreich« einsetzen, und unter der sehr vorsichtigen Verschleierung wird man unschwer eine Kritik französischer Verhältnisse, wie sie die Regierung

Ludwigs XIV. geschaffen, erkennen. Die Hauptsätze lauten:)

Wenn die Demokratien zugrunde gehen, wenn das Volk – ihr Souverän – den Senat, die Verwaltungsbeamten, die Richter ihrer Funktionen beraubt, so zerrütten sich die Monarchien, wenn man allmählich die Prärogative der Körperschaften (Parlamente, Generalstände) oder die Privilegien der Städte beseitigt. Im ersten Fall kommt es auf einen Despotismus aller, im zweiten auf den Despotismus eines Einzelnen hinaus.

Was die Dynastien von Tsin und von Suï zugrunde richtete, so sagt ein chinesischer Autor, war, dass, statt sich auf eine allgemeine Oberaufsicht zu beschränken, die Fürsten alles unmittelbar und selbstherrlich regieren wollten. Der chinesische Autor gibt uns hier den Grund der Verderbnis fast aller Monarchien.

Die Monarchie geht zugrunde, wenn der Fürst meint, dass er seine Macht mehr braucht, wenn er die Ordnung der Dinge ändert, als wenn er sie beibehält, wenn er den einen die ihnen naturgemäß zukommenden Funktionen nimmt, um sie nach Willkür anderen zu geben, und wenn er in seine fantastischen Einfälle verliebter ist als in seine Willensäußerungen.

Die Monarchie geht zugrunde, wenn der Fürst alles einzig und allein auf sich bezieht, den Staat in seine Hauptstadt, die Hauptstadt an seinen Hof und den Hof um seine eigene Person beruft.

Endlich geht sie zugrunde, wenn ein Fürst die Bedeutung seiner Autorität, seiner Lage, der Liebe seiner Völker verkennt und wenn er es nicht empfindet, dass ein Monarch sich in Sicherheit glauben muss wie ein Despot in ständiger Gefahr.

Das Prinzip der Monarchie leidet, wenn die ersten Würdenstellen die Zeichen hervorragender Knechtsgesinnung sind, wenn man den Großen die Achtung des Volkes nimmt und sie zu Werkzeugen der willkürlichen Macht erniedrigt.

Ferner leidet es noch mehr, wenn die Ehre in Widerspruch steht mit den Ehren und wenn man gleichzeitig mit Schmach und mit Würden überhäuft sein kann.

Es leidet, wenn der Fürst seine Gerechtigkeit wandelt in Strenge, wenn er wie die römischen Kaiser ein Medusenhaupt auf seine Brust heftet, wenn er jene furchtbar drohende Miene annimmt, die Commodus seinen Bildsäulen geben ließ.

Das Prinzip der Monarchie leidet, wenn seltsam feige Seelen ihrer Eitelkeit durch einen Wettkampf in Knechtsgesinnung frönen. Wenn sie glauben, dass, weil man alles dem Fürsten danke, man dem Vaterland gar nichts schulde.

Aber wenn es wahr ist – und das hat man zu allen Zeiten gesehen –, dass in dem Maß, wie die Macht eines Herrschers ins Ungemessene wächst, seine persönliche Sicherheit abnimmt, heißt es da nicht ein Majestätsverbrechen begehen, wenn man diese Macht im Keim verderben hilft, bis sie ihr eigentliches Wesen umkehrt?

(Bis zum Schluss des Buches werden dann die Ursachen untersucht, welche die anderen Regierungsformen zerstören, sowie die Rettungsmittel angedeutet.)

Buch 9 und 10

Die Gesetze in ihren Beziehungen zu den Angriffs- und Verteidigungskräften

(Daraus:)

Über den Krieg

Das Leben der Staaten ist wie das der Menschen. Diese haben das Recht zu töten im Fall der Notwehr, jene das Recht, Krieg zu führen zu ihrer Selbsterhaltung.

Im Fall der Notwehr habe ich das Recht zu töten, weil mein Leben mir gehört, wie dem, der mich angreift, auch sein Leben gehört. Ebenso führt ein Staat Krieg, weil seine Selbsterhaltung so berechtigt ist wie jede andere.

Unter Bürgern schließt das Recht der Notwehr nicht das Recht zum Notangriff in sich. Statt anzugreifen, brauchen sie sich nur an die Gerichte zu wenden. Sie können also das Recht dieser Verteidigung nur in den eiligen Fällen ausüben, wo sie verloren wären, wenn sie sich auf den Rechtsschutz verließen. Aber unter größeren Gemeinschaften zieht das Recht der Notwehr manchmal auch das Recht zum Notangriff nach sich, wenn ein Volk sieht, dass ein längerer Friede ein anderes in den Stand setzen würde, es zu vernichten, und der Angriff in diesem Augenblick das einzige Mittel ist, diese Zerstörung zu verhindern.

Daraus folgt, dass die kleinen Gemeinschaften öfter das Recht haben, Krieg anzufangen, weil sie öfter in dem Fall sind, befürchten zu müssen, dass sie vernichtet werden.

Das Recht zum Krieg ergibt sich also einmal aus der Nötigung und dann aus dem strengen Recht. Wenn die, welche das Gewissen oder die Entschlüsse der Fürsten leiten, sich nicht daran halten, so ist alles verloren, und wenn man sich auf die willkürlichen Begriffe Ruhm, Geziemlichkeit, Nutzen stützen will, werden Ströme von Blut die Erde überschwemmen.

Besonders spreche man nicht von dem Ruhm eines Fürsten. Sein Ruhm – das würde heißen: sein Dünkel, und das ist eine Leidenschaft und kein Recht.

Allerdings könnte der Ruf seiner Macht die Kräfte seines Staates vermehren, aber der Ruf seiner Gerechtigkeit kann das ebenso gut.

(Nachdem Montesquieu dann von den Eroberungen und ihrer Bedeutung für die einzelnen Regierungsformen gesprochen hat, widmet er Alexander dem Großen einen Abschnitt, der in ihm nach langer Zeit wieder einen einsichtigen Beurteiler und verständigen Bewunderer fand.)

Er begann seine Züge nicht eher, als nachdem er Makedonien gegen die benachbarten Barbarenstämme gesichert und Griechenland vollkommen niedergeworfen hatte. Dieser Niederwerfung bediente er sich aber nur zur Ausführung seines Unternehmens. Er nahm den Lakedämoniern die Macht, ihrer Eifersucht

Folge zu geben. Dann griff er die Küstenprovinzen Persiens an und zog an der Küste entlang, um seiner Flotte nah zu sein. Er bediente sich mit bewunderns-wertem Geschick der größeren militärischen Zucht gegen die größere Zahl. Er sorgte für ausreichende Verpflegung, und wenn es auch wahr ist, dass der Sieg ihm alles gab, so tat er auch alles, um zu siegen.

Zu Beginn seines Zuges, d.h. zu einer Zeit, wo ein Misserfolg ihn vernichten konnte, überließ er weniges nur dem Zufall. Als das Glück ihn über die Ereignisse hob, wurde auch die Tollkühnheit eins seiner Mittel. Wenn er vor seinem Aufbruch nach Asien gegen die Triballer und Illyrier zieht, so ist das ein Krieg, wie ihn Cäsar in Gallien später führte. Als er von diesem Krieg zurück nach Griechenland kommt, ist es, als wenn er Theben gegen seinen Wunsch einnimmt und zerstört. Vor der Stadt lagernd, wartet er, dass die Thebaner Frieden nachsuchen sollen. Sie stürzen sich selbst in ihr Verderben. Wenn es sich um Bekämpfung der persischen Seemacht handelt, ist die Kühnheit vielmehr auf Parmenions Seite, die weise Vorsicht auf Alexanders. Sein Dichten und Trachten war, die Perser von der See abzuschneiden und sie dahin zu bringen, ihre Seemacht aufzugeben, in der sie überlegen waren. Tyrus war grundsätzlich an Persien geknüpft, das seinen Handel nicht entbehren konnte noch seine Seemacht. Alexander zerstörte es. Er nahm Ägypten, das Darius von Truppen entblößt gelassen hatte, während er in dem anderen Weltteil gewaltige Truppen sammelte.

Der Übergang über den Granikus machte Alexander zum Herrn der griechischen Kolonien. Die Schlacht bei

Issus gab ihm Tyrus und Ägypten. Die Schlacht bei Arbela gab ihm das ganze Land.

Nach der Schlacht bei Issus lässt er Darius fliehen und beschäftigt sich damit, seine Eroberungen zu festigen und zu ordnen. Nach der Schlacht bei Arbela folgt er ihm so dicht auf den Fersen, dass er ihm keine Zuflucht in seinem Reich gönnt. Kaum ist Darius in einer Stadt, einer Provinz angelangt, muss er schon wieder weiter. Alexanders Märsche sind so schnell, dass die Weltherrschaft mehr wie in den Spielen der Griechen der Preis eines Wettlaufs als der Preis eines Schlachtensieges zu sein scheint. So machte er seine Eroberungen. Sehen wir zu, wie er sie bewahrte.

Er widerstand denen, die da wollten, dass er die Griechen als Herren und die Perser als Sklaven behandeln solle. Er dachte nur daran, die beiden Nationen zu einen und den Unterschied zwischen Eroberern und Besiegten zu verwischen. Nach der Eroberung gab er all die Vorurteile auf, die ihm gedient hatten, sie zu machen. Er nahm die Sitten der Perser an, um sie nicht damit zu kränken, dass er ihnen die der Griechen aufzwänge. Darum erwies er der Frau und der Mutter des Darius so viel Achtung und zeigte ihnen gegenüber so viel Mäßigung. Was ist das für ein Eroberer, den alle von ihm unterworfenen Völker beweinen! Was ist das für ein Usurpator, über dessen Tod die von ihm entthronte Familie Tränen vergießt! Das ist ein Zug aus diesem Leben, den kein Geschichtschreiber einem anderen Eroberer nachrühmen kann!

Nichts festigt eine Eroberung mehr, als wenn Sieger und Besiegte untereinander heiraten. Alexander nahm selbst aus dem von ihm besiegten Volk Frauen und verlangte, dass seine Umgebung es ihm nachtue. Die Fernerstehenden folgten von selbst dem Beispiel.

Alexander dachte ferner daran, in Persien eine große Zahl griechischer Kolonien zu gründen. Er baute eine Unzahl von Städten, und er fügte alle Teile dieses neuen Reiches so fest, dass sich nach seinem Tod inmitten der Verwirrung und Gräuel der Bürgerkriege, nachdem die Griechen sich sozusagen gegenseitig vernichtet hatten, nicht eine persische Provinz empörte.

Um Griechenland und Makedonien nicht zu erschöpfen, schickte er nach Alexandrien eine jüdische Kolonie. Es war ihm gleich, welche Sitten diese Völker hätten, wenn sie ihm nur treu wären.

Er ließ den besiegten Völkern nicht nur ihre Sitten, sondern auch ihre Gesetze und oft sogar die Könige und Regenten, die er vorgefunden hatte. An die Spitze der Truppen stellte er Makedonier, an die Spitze der Regierung Eingeborene, indem er sich lieber der Gefahr einer einzelnen Untreue aussetzte, was er manchmal erlebte, als einer allgemeinen Empörung. Er achtete die alten Überlieferungen und alle Denkmäler des Ruhms oder der Eitelkeit der Völker. Die persischen Könige hatten die Tempel der Griechen, der Babylonier, der Ägypter zerstört: Er stellte sie wieder her. Wenige Völker unterwarfen sich ihm, auf deren Altären er nicht geopfert hätte. Es machte den Eindruck, als wenn er nur darum Eroberungen gemacht hätte, um der besondere Herrscher jedes einzelnen Volkes und der erste Bürger jeder Stadt zu sein. Die Römer eroberten alles, um alles zu zerstören, er wollte alles erobern, um alles zu erhalten, und welches Land er auch durchzog, seine ersten Gedanken, seine ersten Anordnungen waren immer, etwas zu tun, was dessen Wohlstand fördern könnte. Die ersten Mittel fand er dazu in der Größe seines Geistes; die zweiten in seiner Mäßigkeit und seiner eigenen Sparsamkeit; die dritten in seinen gewaltigen Aufwendungen für die großen Dinge. Seine Hand schloss sich für private Ausgaben, sie öffnete sich für die öffentlichen. Handelte es sich darum, seinen Haushalt zu ordnen, war er ein sparsamer Makedonier. Handelte es sich darum, die Schulden der Soldaten zu bezahlen, den Griechen von seinen Eroberungen mitzuteilen, das Glück jedes einzelnen Kriegers zu machen – dann war er Alexander.

Er beging zwei schlechte Taten: Er verbrannte Persepolis, und er tötete Klitus. Er machte diese Taten berühmt durch seine Reue, sodass man seine verbrecherischen Handlungen vergaß, um sich seiner Achtung vor der Tugend zu erinnern. Daher sie mehr wie unglückliche Schickungen denn wie zu seinem Wesen gehörige Dinge betrachtet wurden, daher die Nachwelt die Schönheit seiner Seele fast noch in seinen Zornesausbrüchen und Schwächen findet, daher man ihn beklagen musste und es nicht mehr möglich war, ihn zu hassen.

Ich will ihn noch mit Cäsar vergleichen. Als Cäsar die asiatischen Könige (in ihrem Zeremoniell) nachahmen wollte, brachte er die Römer zur Verzweiflung um einer rein äußerlichen Sache willen. Als Alexander die asiatischen Könige nachahmen wollte, tat er etwas, das einen Teil seines Eroberungsplans ausmachte.

Buch 11

Von den Gesetzen, welche die politische Freiheit bilden, in ihrer Beziehung zur Verfassung

1. Allgemeine Übersicht: Ich unterscheide die Gesetze, welche die politische Freiheit ausmachen in deren Beziehung zur Verfassung, von den Gesetzen, die sie ausmachen in deren Beziehung auf den Bürger. Erstere werden den Gegenstand dieses, letztere den Gegenstand des folgenden Buches bilden.

2. Verschiedene Bedeutungen des Wortes Freiheit

Es gibt kein Wort, dem mehr voneinander verschiedene Bedeutungen beigelegt worden sind und das in so vielerlei Weisen auf die Geister eingewirkt hat wie das Wort Freiheit. Die einen haben es aufgefasst als die Leichtigkeit, den abzusetzen, dem sie eine tyrannische Macht gegeben hatten, die anderen als die Möglichkeit, den zu wählen, dem sie gehorchen sollten; andere als das Recht, Waffen zu führen und Gewalt üben zu können; andere wieder als das Vorrecht, nur von einem Mann ihres Stammes oder nach ihren heimischen Gesetzen regiert zu werden. Ein Volk – die Russen – hat die Freiheit lange für die Erlaubnis gehalten, einen Vollbart tragen zu dürfen. Andere haben diesen Namen mit einer bestimmten Regierungsform verknüpft und die anderen darum ausgeschlossen. Die einen, die an der republikanischen Regierungsform Geschmack gefunden hatten, haben die Freiheit gerade in dieser erblickt, die anderen, die ihr Glück in der Monarchie gefunden hatten, haben sie in dieser gesucht. Kurz, jeder hat Freiheit die seinen Gewohnheiten und Neigungen angemessene Regierungsform genannt. Gewöhnlich erblickt man sie in der republikanischen, nicht aber in der monarchischen. Denn in einer Republik hat man die Werkzeuge der Übel, über die man sich beklagt, nicht immer so deutlich und aufdringlich vor Augen; die Gesetze sind es mehr, deren Sprache sich vernehmlich macht, weniger die Ausführer der Gesetze. Kurz, da in Demokratien das Volk ungefähr das, was es will, zu tun scheint, hat man die Freiheit in diesen Regierungsformen zu erblicken gemeint und hat die Macht des Volkes mit der Freiheit des Volkes verwechselt.

3. Was Freiheit ist

Allerdings scheint in den Demokratien das Volk zu tun, was es will. Aber die politische Freiheit besteht gar nicht darin, dass man tun kann, was man will. In einem Staat, d.h. in einer von Gesetzen geregelten Gesellschaft, kann die Freiheit nur darin bestehen, dass man tun kann, was man wollen muss, sowie nicht gezwungen ist zu tun, was man nicht wollen soll.

Man muss sich nur deutlich vergegenwärtigen, was Unabhängigkeit und was Freiheit ist. Freiheit ist das Recht, alles zu tun, was die Gesetze erlauben, und wenn ein Bürger tun könnte, was sie verbieten, so würde er darum nicht mehr Freiheit haben, weil die anderen geradeso diese Macht haben würden.

4. Fortsetzung

Die Demokratie und die Aristokratie sind keine ihrer Natur nach freien Staaten. Die politische Freiheit findet sich nur in den gemäßigten Regierungsformen. In ihnen ist sie auch nur vorhanden, wenn man die Macht nicht missbraucht. Aber es ist eine uralte Erfahrung, dass, wer Macht hat, auch geneigt ist, sie zu missbrauchen: Er geht so weit, bis er auf Schranken stößt. Wer sollte es glauben: Auch die Tugend bedarf der Schranken.

Damit man die Macht nicht missbraucht, muss durch entsprechende Anordnung Macht der Macht Halt gebieten. Eine Verfassung kann so sein, dass niemand gezwungen wird, Dinge zu tun, zu denen das Gesetz nicht verpflichtet, und Dinge zu unterlassen, die das Gesetz ihm erlaubt.

5. Von dem Ziel der verschiedenen Staaten

Obschon alle Staaten im Allgemeinen dasselbe Ziel haben, nämlich sich zu erhalten, hat jeder Staat doch wieder sein besonderes. Vergrößerung war Roms Ziel, Krieg das Lakedämons, Religion das der jüdischen Gesetze; Handel das von Massilia; öffentliche Ruhe das der chinesischen Gesetze usw.

Es gibt auch eine Nation in der Welt, deren Verfassung als Endziel die politische Freiheit hat. Wir werden jetzt die Grundlagen prüfen, auf denen diese Nation dieselbe begründet. Sind sie gut, wird die Freiheit sich darin wie in einem Spiegel zeigen.

6. Von der englischen Verfassung (im Anschluss an Locke)

In jedem Staat gibt es drei Arten von Gewalten: die gesetzgebende Gewalt, die ausführende für die Dinge, die unter das Völkerrecht fallen, und die ausführende für die, welche unter das bürgerliche Recht fallen.

Vermittels der ersteren gibt ein Fürst oder Beamter Gesetze kürzerer oder längerer Wirkungsdauer, bessert oder stellt die bestehenden ab. Vermittels der zweiten macht er Frieden oder Krieg, schickt oder empfängt Gesandtschaften, stärkt die Sicherheit des Landes, beugt feindlichen Einfällen vor. Vermittels der dritten straft er die Verbrechen und schlichtet die Streitigkeiten der einzelnen Bürger. Diese letztere werden wir kurz die richterliche, die andere kurz die ausführende Staatsgewalt nennen.

Die politische Freiheit in einem Bürger ist jenes ruhige Bewusstsein seiner Sicherheit. Damit jeder diese Freiheit hat, muss die Regierung so sein, dass kein Bürger einen andern Bürger zu fürchten braucht.

Wenn gesetzgebende und ausführende Gewalt in derselben Beamtung verbunden sind, gibt es keine Freiheit, weil man fürchten muss, dass derselbe Monarch oder dieselbe Körperschaft tyrannische Gesetze gibt, um sie tyrannisch durchzuführen.

Gleichfalls gibt es keine Freiheit, wenn die richterliche Gewalt nicht von den beiden andern getrennt ist. Wäre sie mit der gesetzgebenden verbunden, so würde die Gewalt über Leben und Freiheit der Bürger eine willkürliche sein, denn der Richter wäre Gesetzgeber. Wäre sie mit der ausführenden verbunden, könnte der Richter die Macht eines Unterdrückers haben.

Alles wäre verloren, wenn alle drei Gewalten in der Hand eines einzelnen Menschen, derselben Körperschaft von Fürsten, von Adligen oder aus dem Volk vereint wären: nämlich die Macht, Gesetze zu geben, die öffentlichen Beschlüsse auszuführen, die Verbrechen oder Streitigkeiten der Einzelnen zu schlichten.

In der Mehrzahl der europäischen Königreiche ist die Regierungsform eine gemäßigte, weil der Fürst nur die ersten beiden Gewalten hat, die Ausübung der dritten seinen Untertanen überlässt.

So haben denn auch die Fürsten, die sich zu Despoten machen wollten, damit begonnen, alle Amtsgewalten in sich zu vereinigen.

Die Gerichtsbarkeit darf nicht einem lebenslänglichen Senat übertragen werden, sondern muss einer Körperschaft übertragen werden, die aus der Gesamtheit des Volkes zu einer gewissen Zeit des Jahres in einer gesetzlich festgelegten Weise ausgewählt wird, um einen Gerichtshof zu bilden, der nur die gerade notwendige Zeit amtiert.

So wird die richterliche Gewalt, wenn sie weder an einen bestimmten Stand noch an eine bestimmte Profession gebunden ist, ihres Schreckens entkleidet, sozusagen unsichtbar und verschwindet in gewissem Sinn. Man hat nicht fortwährend »Richter« vor Augen und fürchtet nur das Amt, nicht die Beamten.

Ja bei schweren Anklagen muss der Angeklagte mit einem gleichen Recht wie das Gesetz auch seinerseits Richter bestimmen oder wenigstens so viele zurückweisen können, dass man annehmen kann, die übrig bleibenden entsprächen seiner Wahl.

Die beiden anderen Gewalten können ständigen Körperschaften oder ständigen Beamten übertragen werden, weil sie nicht gegenüber Einzelnen in Anwendung kommen. Denn die eine ist nichts anderes als der allgemeine Wille des Staats, die andere dessen Ausführung.

Wenn aber die Gerichtshöfe nicht ständig sein dürfen, müssen es die Urteilssprüche bis zu dem Grad sein, dass sie nie etwas anderes sind als der genaue Text des Gesetzes. Wären sie eine Einzelmeinung eines Richters, würde man in einer Gemeinschaft leben, ohne doch genau die ihr gegenüber eingegangenen Verpflichtungen zu kennen.

Die Richter müssen sogar von derselben Lebensstellung wie der Angeklagte, seinesgleichen sein, damit er sich nicht einbilden kann, er sei in die Hände von Männern gefallen, die ihn zu vergewaltigen geneigt seien.

Wenn die gesetzgebende Gewalt der ausübenden die Macht lässt, Bürger einzusperren, die für ihr Benehmen Bürgschaft stellen können, gibt es keine Freiheit, es sei denn, sie würden festgenommen, um sich ohne Verzug wegen eines durch das Gesetz als Kapitalverbrechen gekennzeichneten Vergehens zu verantworten, in welchem Fall sie tatsächlich frei sind, weil sie nur der Macht des Gesetzes unterworfen sind.

Wenn jedoch die gesetzgebende Gewalt sich durch eine geheime Staatsverschwörung oder ein Einverständnis mit äußeren Feinden für gefährdet hielte, könnte sie für eine kurze und begrenzte Zeit der ausführenden Gewalt gestatten, die verdächtigen Bürger festzunehmen, die dann ihre Freiheit nur darum zeitweilig verlieren würden, um sie für immer zu bewahren.

Da in einem freien Staat jeder Mensch, der eine freie Seele hat, sich selbst regieren muss, müsste das Volk die gesetzgebende Gewalt haben. Da das aber in den großen Staaten unmöglich ist und in den kleinen mancherlei Unzuträglichkeiten unterworfen, muss das Volk durch seine Vertreter alles tun, was es nicht selbst tun kann.

Man kennt die Bedürfnisse seiner Stadt besser als die einer anderen, und man hat über die Fähigkeiten seiner Nachbarn ein richtigeres Urteil als über die seiner andern Landsleute. So dürfen also die Mitglieder der gesetzgebenden Körperschaft nicht aus der ganzen großen Masse des Volkes genommen werden, sondern es empfiehlt sich, dass in jedem Hauptort sich die Einwohner einen Vertreter wählen.

Es ist nicht notwendig, dass die Vertreter, die von ihren Wählern eine allgemeine Instruktion erhalten haben, eine besondere für jede einzelne Angelegenheit bekommen, wie das in den deutschen Reichstagen üblich ist. Es würde ja allerdings auf diese Weise das Wort der Abgeordneten in höherem Grad die Stimme des Volkes sein. Aber das würde unendliche und aufhaltende Umständlichkeiten ergeben, jeden Abgeordneten zum Herrn aller andern machen, und in eiligen Angelegenheiten würde die ganze Kraft des Volkes durch eine Laune aufgehalten werden können.

Wenn die Abgeordneten, sagt Algernon Sidney sehr richtig, wie in Holland das Gesamtvolk vertreten, müssen sie ihren Auftraggebern Rechenschaft ablegen. Etwas anderes ist es, wenn sie, wie in England, von einzelnen Flecken abgeordnet werden.

Alle Bürger in den verschiedenen Bezirken müssen das Recht haben, ihre Stimme bei der Abgeordnetenwahl abzugeben, abgesehen von denen, die in einem derartig geschwächten Zustand sind, dass sie nach allgemeiner Anschauung keinen freien Willen haben.

In den alten Republiken gab es einen großen Fehler: Das Volk hatte das Recht, wirkende Beschlüsse, die eine gewisse Exekutive verlangen, zu fassen, und dazu ist es vollkommen unfähig. Es darf sich vielmehr nur so weit an der Regierung beteiligen, als es seine Vertreter wählt, was seiner Urteilsfähigkeit entspricht. Denn wenn auch wenige Menschen den genauen Grad der Begabungen eines Menschen beurteilen können, ist doch im Allgemeinen jeder imstande zu wissen, ob der, den er wählt, aufgeklärter ist als der Durchschnitt.

Die Volksvertretung darf ebenfalls nicht gewählt werden, um aktiv wirkende Beschlüsse zu fassen. Denn das würde sie nicht gut besorgen. Ihre Aufgabe ist, Gesetze zu machen und darüber zu wachen, dass die von ihr gemachten gut ausgeführt werden. Das kann sie nicht nur, sondern kann sogar nur sie allein besorgen.

Es gibt immer in einem Staat Männer, die durch Geburt, Reichtümer oder Ehren ausgezeichnet sind. Wenn sie aber unterschiedslos unter dem Volk aufgehen sollten und wenn sie nur eine Stimme hätten wie alle andern, würde die allgemeine Freiheit für sie Knechtschaft sein und sie würden keinen Antrieb haben, sie zu verteidigen, weil die Mehrzahl der Beschlüsse gegen sie wäre. Der Anteil, den sie an der Gesetzgebung haben, muss also zu den übrigen Vorzügen, die sie im Staat haben, in richtigem Verhältnis stehen, und das kann geschehen, wenn sie eine Körperschaft bilden, die das Recht hat, den Unternehmungen des Volkes Halt zu gebieten, so wie dies den ihren gegenüber dasselbe Recht hat.

So wird denn die gesetzgebende Gewalt sowohl der Körperschaft der Adligen als auch der Volksvertretung anvertraut sein. Beide werden ihre besonderen Versammlungen haben und ihre besonderen Beratungen sowie gesonderten Gesichtspunkte und Interessen.

Die ausführende Gewalt muss in den Händen des Monarchen liegen, weil dieser Teil der Regierung, der fast immer eines sofortigen Eingreifens bedarf, besser von einem als von mehreren verwaltet wird, genau umgekehrt wie bei der gesetzgebenden Gewalt.

Wenn die gesetzgebende Körperschaft eine beträchtliche Zeit lang nicht einberufen würde, würde es keine Freiheit mehr geben. Denn eines von zwei Dingen müsste eintreten: Entweder gäbe es überhaupt keine gesetzgeberischen Beschlüsse, und der Staat würde der Anarchie verfallen; oder diese Beschlüsse würden von der ausführenden Gewalt gefasst, und diese würde dann zu einer unumschränkten.

(Dagegen empfiehlt es sich, die gesetzgebende Körperschaft für bestimmte Perioden zusammentreten zu lassen und sie in regelmäßigen Zeiträumen einer vollkommenen Neuwahl zu unterwerfen. Hier wie in dem ganzen Abschnitt hat Montesquieu immer die englische Verfassung im Auge und will nicht etwa allgemeine Grundsätze aufstellen.)

Die gesetzgebende Körperschaft kann sich nicht aus eigener Machtbefugnis versammeln. Denn Machtbefugnis hat sie erst, nachdem sie versammelt ist, und wenn sie sich nicht einstimmig versammelte, wüsste man nicht, welcher Teil nun eigentlich als gesetzgebende Körperschaft angesehen werden sollte.

(Auch über die Dauer ihrer Session kann sie nicht bestimmen. All dies ist Sache der ausführenden Gewalt, die auch gegen ihre Beschlüsse ein Veto einlegen kann. Das Umgekehrte darf jedoch nicht stattfinden.)

Dagegen muss die gesetzgebende Körperschaft das Recht und die Möglichkeit haben zu prüfen, in welcher Weise die von ihr gegebenen Gesetze ausgeführt werden. Doch darf sie, wie diese Prüfung auch gehandhabt werden mag, nicht die Macht haben, die Person und damit das Betragen desjenigen, in dessen Händen die Ausführung liegt, in die Erörterung zu ziehen. Seine Person muss geheiligt sein, weil, da er dem Staat unentbehrlich ist, um ein Ausarten der Macht der gesetzgebenden Körperschaft bis zur Tyrannei zu verhindern, von dem Augenblick an, wo er angeklagt oder kritisiert würde, keine Freiheit mehr vorhanden wäre.

In diesem Fall wäre der Staat keine Monarchie mehr, sondern eine nichtfreie Republik. Aber da der ausführende Herrscher seine besondere Tätigkeit nur dann schlecht ausüben kann, wenn er böswillige Ratgeber hat, können diese zur Rechenschaft gezogen und gestraft werden.

(Legislative und exekutive Gewalt müssen im Allgemeinen getrennt sein. Davon gibt es drei Ausnahmen. Erstens müssen die Adligen nur von ihresgleichen abgeurteilt werden, weil das Volk ihnen aus sehr verzeihlichem Neid nicht gerecht werden würde. Zweitens muss eine Appellation gegen die Gesetze, die »gleichzeitig hellseherisch und blind und in einigen Fällen zu streng sind«, an einen aus der gesetzgebenden Körperschaft gebildeten Gerichtshof möglich sein. Endlich kann in besonderem Fall die aus dem Volk gebildete gesetzgebende Körperschaft vor dem aus dem Adel gebildeten Teil als Anklägerin auftreten müssen.)

Die ausführende Gewalt muss gegenüber der Gesetzgebung ein Veto haben, sonst würde sie bald ihrer Vorrechte verlustig gehen.

Folgendes ist also die wesentliche Einrichtung der Regierung, von der wir sprechen: Da die gesetzgebende Körperschaft sich aus zwei Teilen zusammensetzt, wird ein Teil den andern durch sein Einspruchsrecht in Schranken halten. Beide werden durch die ausübende Gewalt gebunden sein und diese selbst wieder durch die gesetzgebende.

Diese drei Gewalten würden also einander in vollkommenem Gleichgewicht (also sozusagen die Staatsmaschine auf dem toten Punkt in vollkommener Ruhe) halten müssen. Da sie aber durch die notwendige Bewegung der Dinge gezwungen sind, sich auch in Bewegung zu setzen, werden sie zu einem einheitlichen Vorgehen genötigt werden.

Da die ausführende Gewalt nur durch ihr Veto an der Gesetzgebung teilnimmt, kann sie auch nicht in die Debatte eingreifen. Sie braucht nicht einmal die Initiative zu ergreifen, weil sie eben durch ihr Veto alle ihr unliebsamen Beschlüsse hindern kann.

In einigen alten Republiken, wo das Volk im Ganzen über die Angelegenheiten debattierte, musste die ausführende Gewalt auch die Initiative ergreifen und mit dem Volk debattieren können, sonst würde in den Beschlüssen eine seltsame Verwirrung eingegriffen sein.

Damit der, in dessen Händen die Ausführung liegt, nicht eine Vergewaltigung ausüben kann, müssen die Heere, die man ihm anvertraut, Volk sein und von demselben Geist beseelt wie das Volk, wie es in Rom bis zu den Zeiten des Marius war. Dazu gibt es nur zwei Mittel. Entweder müssen die zum Kriegsdienst Herangezogenen wohlhabend genug sein, um von den andern Bürgern für ihre Führung zur Rechenschaft gezogen werden zu können, und dürfen, wie in Rom, immer nur für ein Jahr eingestellt werden. Oder wenn man ein stehendes Heer hat, dessen Soldaten die niedrigsten Schichten des Volkes darstellen, muss die gesetzgebende Gewalt es kassieren können, sobald sie das wünscht; ferner aber dürfen die Soldaten nicht in einem gesonderten Lager noch in Kasernen, noch in Festungen, sondern müssen unter den Bürgern wohnen.

Ist das Heer einmal ausgehoben und eingerichtet, darf es nicht unmittelbar von der gesetzgebenden Körperschaft abhängen, sondern von der ausführenden Gewalt. Und dies naturgemäß, da seine Sache Handeln, nicht Erwägen ist.

Es liegt in der menschlichen Denkweise begründet, dass man Mut höher schätzt als Ängstlichkeit, Stärke höher als Besonnenheit, Tatkraft höher als gute Ratschläge. Das Heer wird immer einen Senat gering schätzen und seine Offiziere hoch achten. Befehle, die es von einer Körperschaft erhält, deren Mitglieder in seinen Augen furchtsam und darum nicht würdig sind, ihm zu befehlen, wird es wenig beachten. Sobald also das Heer einzig von der gesetzgebenden Körperschaft abhängt, wird eine Militärherrschaft entstehen. Wenn jemals das Gegenteil eingetreten ist, so sind ganz außergewöhnliche Umstände daran schuld.

Wie alle menschlichen Dinge ihr Ende haben, so wird auch der Staat einmal seine Freiheit verlieren, er wird zugrunde gehen, und zwar dann, wenn die gesetzgebende Gewalt zerrütteter sein wird als die ausführende.

Buch 12

Von den Gesetzen, welche die politische Freiheit hinsichtlich des einzelnen Bürgers begründen

1. Es genügt nicht, von der politischen Freiheit in ihrer Beziehung zur Verfassung gesprochen zu haben, man muss sie auch in ihrer Beziehung zum Bürger betrachten.

Ich habe gesagt, dass sie im ersteren Fall durch eine gewisse Verteilung der drei Gewalten gebildet wird. Im zweiten muss man sie unter einem andern Gesichtspunkt auffassen. Da besteht sie in der Sicherheit oder in der Vorstellung, die man von seiner Sicherheit hat.

Es kann vorkommen, dass die Verfassung frei ist, nicht aber der Bürger, sowie auch das umgekehrte. In diesen beiden Fällen wird die Verfassung der Theorie nach, nicht den Tatsachen nach, der Bürger den Tatsachen nach, nicht der Theorie nach frei sein.

Die Freiheit in Bezug auf die Verfassung beruht einzig und allein auf Anordnung der Gesetze, sogar der Grundgesetze. In ihrer Beziehung auf den Bürger jedoch können Sitten, Gewohnheiten, überkommene Beispiele sie entstehen lassen und gewisse bürgerliche Gesetze sie begünstigen, wie wir im nachstehenden Buch zeigen werden.

Da außerdem in der Mehrzahl der Staaten die Freiheit weit mehr eingeengt, bedrückt oder niedergehalten wird, als ihre Verfassung es verlangt, ist es gut, von den besonderen Gesetzen zu sprechen, die in jeder Verfassung das Prinzip der Freiheit, die jeder Staat vertragen kann, fördern oder hindern können.

2. Von der Freiheit des Bürgers

Die Freiheit im philosophischen Sinn besteht in der Ausübung seines Willens oder wenigstens in der Vorstellung, dass man seinen Willen ausübt. Die Freiheit im politischen Sinn besteht in der Sicherheit oder wenigstens in der Vorstellung, die man von seiner Sicherheit hat.

Diese Sicherheit wird am stärksten durch öffentliche oder private Anklagen angegriffen. Also hängt die Freiheit des Bürgers hauptsächlich von der Güte der Strafgesetze ab.

Die Strafgesetze haben sich nicht in einem Tag zur Vollkommenheit entwickelt. Grade dort, wo man die Freiheit am eifrigsten gesucht hat, hat man sie nicht immer gefunden (wie mancherlei historische Beispiele beweisen). Wenn die Unschuld der Bürger aber nicht in Sicherheit ist, ist es die Freiheit auch nicht.

Die Erfahrungen, die man in einigen Ländern (z. B. in England) über die sichersten, bei Strafurteilen zu beobachtenden Vorschriften gesammelt hat und in anderen noch erwerben wird (z. B. in Frankreich), gehen das Menschengeschlecht näher an als sonst irgendeine Angelegenheit in der Welt.

Allein auf diesen Erfahrungen kann die Freiheit begründet werden, und in einem Staat, der darüber die bestmöglichen Gesetze besäße, würde ein Mensch, dem man den Prozess macht und der am nächsten Tag gehängt werden sollte, freier sein als ein türkischer Pascha.

3. Fortsetzung

Gesetze, die einen Menschen auf die Aussage eines einzigen Zeugen hin zum Tode verurteilen, sind für die Freiheit verhängnisvoll. Die Vernunft verlangt zwei Zeugen, weil ein Zeuge, der bestätigend aussagt, und ein Angeklagter, der leugnet, Stimmengleichheit ergeben, zu deren Lösung es eines Dritten bedarf.

Die Griechen und Römer verlangten eine Stimme Mehrheit, um zu verurteilen. Unsere französischen Gesetze deren zwei. Die Griechen behaupteten, dass ihr Gebrauch von den Göttern eingesetzt sei – das ist der unsere.

4. Die Freiheit wird begünstigt durch die Art und das richtige Verhältnis der Strafen.

Es ist der Triumph der Freiheit, wenn die Gesetze jede Strafe aus der besonderen Natur des Vergehens herleiten. Jede Willkür hört damit auf. Die Strafe hängt nicht von der Laune des Gesetzgebers ab, sondern ist rein sachlich, und es ist dann nicht der Mensch, der dem Menschen Gewalt antut.

Es gibt vier Arten Verbrechen. Die der ersten verletzen die Religion; die der zweiten die Sitten; die der dritten die Ruhe und die der vierten die Sicherheit des Bürgers. Die Strafen, die man verhängt, müssen sich aus der Natur jeder dieser Arten herleiten.

Unter die Vergehen gegen die Religion setze ich nur die, welche sie unmittelbar angehen, wie beispielsweise alle einfachen Sakrilegien. Denn die Vergehen, die die Ausübung der Religion stören, gehören in die zweite und dritte Klasse, weil sie die Ruhe oder die Sicherheit der Bürger beeinträchtigen.

Um die Strafe für einfache Sakrilegien aus der Natur der Sache herzuleiten, muss sie in der Entziehung aller Vorteile bestehen, welche die Religion gewährt: Ausschluss aus den Kirchen, zeitweilige oder dauernde Verbannung aus der Gemeinde; Vermeidung ihres Umgangs, Verfluchung und Exkommunikation.

Von den Dingen, welche die Ruhe oder die Sicherheit des Staates stören, fallen die geheimen Handlungen unter die Machtbefugnis der menschlichen Gerechtigkeit. Aber bei denen, welche die Gottheit verletzen, kann da, wo keine öffentliche Handlung vorliegt, auch nicht von Verbrechen die Rede sein: Das ist eine Angelegenheit, die jeder Mensch mit seinem Gott abmachen muss, der Zeit und Maß seiner Rache kennt. Wenn darum der Beamte, in Verwechslung der Dinge, auch dem geheimen Sakrileg nachspürt, dehnt er die Inquisition auf eine Art von Handlung aus, bei der das nicht nötig ist: Er zerstört die Freiheit der Bürger, indem er gegen sie den Eifer der ängstlichen Gewissen bewaffnet sowie den Eifer der kühnen Gewissen.

Das Übel ist aus der Vorstellung entstanden, dass man die Gottheit rächen müsse. Nein, ehren muss man die Gottheit, rächen niemals. Denn in der Tat, wollte man sich von jener Vorstellung leiten lassen, wo fände man ein Ende mit Strafen? Wenn die Gesetze der Menschen ein unendliches Wesen zu rächen haben, werden sie sich nach dessen Unendlichkeit zu richten haben, nicht nach den Schwächen, der Beschränktheit und der Laune der menschlichen Natur.

Die zweite Art Vergehen bilden die, welche gegen die Sitten gehen. Dahin gehört die Verletzung der öffentlichen oder häuslichen Enthaltsamkeit, d.h. der Bestimmungen über den sinnlichen Genuss. Auch hier muss die Strafe aus der Natur der Sache fließen. Entziehung der Vorteile, welche die Gesellschaft an die Sittenreinheit geknüpft hat, Geldstrafen, die Schande, der Zwang, sich zu verbergen, öffentliche Entehrung, Verbannung aus Staat und Gesellschaft, kurz, alle die Strafen, die unter die Befugnis der Zuchtpolizei fallen, genügen, um die Ausschreitungen der beiden Geschlechter zu unterdrücken. In der Tat beruhen diese Vergehen weniger auf Schlechtigkeit als auf einem Vergessen oder Missachten seiner selbst.

Hier handelt es sich nur um die Vergehen, welche allein die Sitten verletzen, nicht um die, welche die öffentliche Sicherheit gefährden wie Entführung und Notzucht. Diese gehören zur vierten Gruppe.

Die Verbrechen der dritten Gruppe sind die, welche die Ruhe der Bürger beeinträchtigen; die entsprechenden Strafen: Gefängnis, Verbannung, Züchtigung und andere Strafen, welche die unruhigen Geister zur Ordnung zwingen.

Ich beschränke die Vergehen gegen die Ruhe auf die Dinge, die eine einfache Verletzung der Polizeiordnung betreffen. Denn wenn ein Vergehen gleichzeitig Ruhe und Sicherheit gefährdet, gehört es in die vierte Gruppe.

Die Strafen dieser letzteren Vergehen sind, was man die hochnotpeinlichen nennt. Es ist das eine Art Wiedervergeltung, die bewirkt, dass die Gesellschaft dem Bürger die Sicherheit versagt, der einen anderen derselben hat berauben wollen. Diese Strafe ist aus der Natur der Dinge gezogen und geschöpft aus der Vernunft und den Quellen von Gut und Böse. Ein Bürger verdient den Tod, wenn er die Sicherheit derart verletzt, dass er Leben unterdruckt hat oder versucht hat zu unterdrücken. Diese Todesstrafe ist gleichsam das Heilmittel der kranken Gesellschaft. Wenn man die Sicherheit hinsichtlich des Besitzes verletzt, können Gründe vorliegen, die auch die Todesstrafe verlangen. Aber es wäre vielleicht besser und würde der Natur der Dinge mehr entsprechen, wenn diese Vergehen durch Verlust des Besitzes bestraft würden, und das müsste jedenfalls so sein, wenn die Vermögen alle gleich wären. Da aber meistens Besitzlose sich an Besitzenden vergreifen, hat die körperliche Strafe an die Stelle der Geldstrafe treten müssen.

Alles, was ich sage, ist aus der Natur geschöpft und der Freiheit des Bürgers sehr günstig.

5. (Dieser Abschnitt empfiehlt allergrößte Vorsicht und Mäßigung bei der Behandlung von Anklagen we-

gen Zauberei und Ketzerei. So widersinnige Anklagen wie die unter Philipp dem Langen gegen die Juden wegen Vergiftung der Brunnen erhobene müssten Bedenken gegen alle auf den öffentlichen Hass begründete erwecken. Ketzerei wird nur mit einem Wort gestreift: »Ich sage hier nicht, dass man die Ketzerei gar nicht bestrafen solle, ich sage nur, dass man sehr vorsichtig bei ihrer Bestrafung zu Werke gehen soll.«)

6. Von der Unzucht

(Sie wird streng verurteilt, nur wird ebenfalls große Vorsicht bei der Bewertung der Zeugenaussagen empfohlen.)

Es ist seltsam, dass bei uns drei Verbrechen, Hexerei, Ketzerei und Unzucht, oft mit dem Feuer bestraft worden sind, während man doch von dem ersten beweisen könnte, dass es gar nicht existiert, von dem zweiten, dass es einer Unzahl von Unterscheidungen, Auslegungen, Einschränkungen unterliegt (vgl. Persische Briefe Nr. 29, S. 14), vom dritten, dass es sehr oft dunkel ist.

Ich muss auch sagen, dass die widernatürlichen Vergehungen niemals in einer Gemeinschaft große Ausbreitung finden werden, wenn sie nicht durch sonst irgendeinen Gebrauch dazu geführt wird, wie bei den Griechen, wo die jungen Männer alle ihre Übungen nackend machten; wie bei uns, wo die häusliche Erziehung außer Gebrauch ist; wie bei den Asiaten, wo manche eine große Zahl von Frauen haben, die sie verachten, während andere gar keine haben können. Man soll die Veranlassung zu diesem Verbrechen forträumen, es durch eine scharfe Polizeiaufsicht ächten wie alle anderen Sittenvergehen, und man wird sehen, wie die Natur ihre

Rechte verteidigt oder sie sich zurückerobert. Sanft, liebenswert und bezaubernd hat sie die Genüsse mit freigiebiger Hand ausgestreut, und indem sie uns mit Genüssen überhäuft, bereitet sie uns durch Kinder, in denen wir sozusagen wieder aufleben, eine Befriedigung, die größer ist als diese Genüsse selbst.

7. Von dem Verbrechen der Majestätsbeleidigung

Chinas Gesetze bestimmen, dass, wer es dem Kaiser gegenüber an Achtung mangeln lässt, mit dem Tod bestraft wird. Da sie aber nicht definieren, was dieser Mangel an Achtung ist, kann alles und jedes den Vorwand liefern, um einem Mann sein Leben zu nehmen oder eine Familie zu vernichten. (Es folgen einige Beispiele aus China.)

Es genügt vollkommen, dass der Begriff Majestätsbeleidigung unbestimmt ist, um die Regierung in Despotismus ausarten zu lassen. Ich werde mich darüber des Breiteren in dem Buch über die textuelle Abfassung der Gesetze – Buch 29 – auslassen.

8. Von der üblen Anwendung der Bezeichnungen »Sakrileg« und »Majestätsbeleidigung«

Es ist gleichfalls ein starker Missbrauch, eine Handlung als Majestätsbeleidigung zu bezeichnen, die es nicht ist. Ein Gesetz der römischen Kaiser verfolgte als Sakrileg, wenn jemand das Urteil des Herrschers infrage zog oder an dem Verdienst derer zweifelte, die er für irgendein Amt ausgewählt hatte. Dies Verbrechen hatten wohl der kaiserliche Rat und die Günstlinge ausgeklügelt. Ein anderes Gesetz hatte erklärt, dass ein Angriff auf die Minister und die Offiziere einem Angriff auf den Herrscher selbst gleichgeachtet werden sollte. Dies Gesetz verdanken wir zwei Fürsten – Arkadius und Honorius –, die in der Geschichte für ihre Schwäche berühmt sind, zwei Fürsten, die von ihren Ministern geleitet wurden wie die Herde vom Hirten, zwei Fürsten, die Sklaven in ihrem Palast, Kinder im Staatsrat, Fremdlinge in ihrem Heer waren, die die Krone nur behielten, weil sie sie alle Tage verschenkten. Einige jener Günstlinge verschworen sich gegen ihre Kaiser. Sie taten noch mehr: Sie verschworen sich gegen das Reich. Sie riefen die Barbaren herbei, und als man sie festnehmen wollte, war der Staat so schwach, dass man ihr eigenes Gesetz verletzen musste und sich dem Majestätsverbrechen aussetzen, um sie bestrafen zu können.

(Hier sowie in 9 und 10 folgen einige Beispiele.)

11. Von den strafbaren Gedanken

Ein gewisser Marsyas träumte, dass er dem Dionys die Kehle abschnitte. Dieser ließ ihn hinrichten, indem er sagte, dass er so etwas nicht in der Nacht geträumt haben würde, wenn er nicht am Tag daran gedacht hätte. Das war eine große Tyrannei. Die Gesetze befassen sich nur mit der Bestrafung von Handlungen.

12. Von unvorsichtigen Worten gegen den Herrscher

Nichts macht die Anklage wegen Majestätsbeleidigung abhängiger von der Willkür, als wenn unvorsichtige Worte ihren Gegenstand bilden. Reden sind der Auslegung so unterworfen, die Grenze zwischen Unvorsichtigkeit und Absichtlichkeit ist so schmal und der Unterschied zwischen den Ausdrücken, deren beide sich bedienen, so gering, dass das Gesetz Worte kaum einer peinlichen Strafe unterwerfen kann, wofern es nicht ausdrücklich die Worte nennt, die es unter Strafe stellt.

Worte bilden kein Corpus Delicti. Sie bleiben nur in der Vorstellung. Oft liegt ihre Bedeutung nur in dem Ton, in dem man sie sagt. Oft, wenn man dieselben Worte wiederholt, gibt man nicht denselben Sinn wieder, denn dieser hängt von ihrer Beziehung auf irgendwelche anderen Dinge ab. Manchmal drückt das Schweigen mehr aus als alle Reden. Es gibt nichts so Doppelsinniges wie all das. Wie soll man also aus Worten eine Majestätsbeleidigung machen? Überall, wo dies Gesetz besteht, ist keine Freiheit, ja nicht einmal ihr Schatten vorhanden.

(Etwas anderes sei es natürlich, wenn es sich um aufrührerische Reden handle, deren Zweck Herbeiführung von Handlungen sei. »Dann straft man nicht die Worte, sondern eine begangene Handlung, bei der man Worte braucht.«)

13. Majestätsbeleidigung durch Schriften

Satirische Schriften sind in despotisch regierten Staaten kaum bekannt, weil hier einerseits die Niedergedrücktheit, andrerseits die Unwissenheit weder das Talent noch den Willen, solche zu machen, aufkommen lassen. In einer Demokratie verhindert man sie nicht, aus demselben Grund, der sie in einer Monarchie verbieten lässt. Da sie sich gewöhnlich gegen die Mächtigen richten, schmeicheln sie in einer Demokratie der Spottsucht des regierenden Volkes. In einer Monarchie verbietet man sie aber viel mehr durch polizeiliche denn durch gesetzliche Maßnahmen. Sie können die allgemeine Spottsucht belustigen, die Unzufriedenen trösten, den Neid gegen die hohen Stellungen mindern, dem Volk die Geduld zum Leiden geben, ja es über seine Leiden lachen machen.

Eine aristokratische Regierung verbietet am nachdrücklichsten die satirischen Werke. In ihr sind die Beamten kleine Souveräne, die nicht groß genug sind, um Beschimpfungen mit Verachtung zu strafen. Wenn in einer Monarchie ein Pfeil gegen den Herrscher abgeschossen wird, ist dieser viel zu erhaben, als dass der Pfeil ihn erreichte. Ein aristokratischer Herr wird von ihm durch und durch geschossen. So bestraften die Dezemvirn in Rom, die eine Aristokratie bildeten, die satirischen Schriften.

14. Verletzung des Schamgefühls bei der Bestrafung der Verbrechen

Es gibt Vorschriften der Scham, die bei fast allen Völkern der Welt beobachtet werden. Es wäre widersinnig, sie bei der Bestrafung der Verbrechen zu verletzen, die immer die Wiederherstellung der Ordnung zum Gegenstand haben muss.

(Nach diesem Grundsatz sind Bestrafungen, wie sie bei Asiaten, aber auch bei den Römern vorkamen, zu verwerfen.)

27. Von den Sitten des Monarchen

Die Sitten des Herrschers tragen ebenso viel zur Freiheit bei wie die Gesetze. Er kann, wie sie, aus Menschen Tiere und aus Tieren Menschen machen. Wenn er die freien Seelen liebt, wird er Untertanen haben; wenn er die niedrigen Seelen liebt, wird er Sklaven haben. Will er die große Kunst des Herrschens besitzen, so sammle er Tugend und Ehre um sich, so berufe er wahres persönliches Verdienst. Er darf selbst manchmal die Augen auf ein Talent werfen. Er möge nicht jene Rivalen fürchten, die man Männer von Verdienst nennt: Er ist ihresgleichen, sobald er sie liebt. Er gewinne die Herzen, aber er fessele nicht die Geister. Er mache sich beim Volk beliebt. Ihm muss die Liebe seines geringsten Untertanen schmeicheln – es sind immer noch Menschen. Das Volk verlangt so wenig Rücksichten, dass es gerecht ist, sie ihm werden zu lassen. Der unendliche Abstand, der zwischen dem Volk und dem Herrscher besteht, lässt es ihm nicht beschwerlich werden. Der Bitte zugänglich, sei er fest gegenüber Forderungen und sei gewiss, dass das Volk sich seiner Weigerungen und die Höflinge sich seiner Gunstbezeigungen freuen.

Buch 13

Von den Beziehungen, welche die Erhebung der Abgaben und die Größe der Staatseinkünfte zu der Freiheit haben

17. Von der Vermehrung der Truppen

Eine neue Krankheit hat sich in Europa ausgebreitet, sie hat unsere Fürsten ergriffen und lässt sie eine Maß und Ziel überschreitende Zahl von Soldaten unterhalten. Sie hat ihre besonders heftigen Anfälle und sie wirkt notgedrungen ansteckend. Denn sobald ein Staat das vermehrt, was er seine Truppen nennt, vermehren die andern sie schleunigst auch, sodass nichts dabei herauskommt als allgemeiner Ruin. Jeder Herrscher hält alle Soldaten auf Kriegsfuß, die er haben könnte, wenn sein Volk unmittelbar vor der Vernichtung stände. Und man nennt »Frieden« diesen Zustand der Bewaffnung aller gegen alle! Folglich ist Europa wirtschaftlich in solcher Notlage, dass Privatleute, die in der Lage der drei Großmächte dieses reichsten Teils der Erde wären, nicht wüssten, wovon sie leben sollten. Wir sind arm mit allen Reichtümern und dem gesamten Welthandel, und bald werden wir so viel Soldaten haben, dass wir nur noch Soldaten haben, und dann werden wir auf der Kulturhöhe der Tataren stehen.

Die großen Herrscher, nicht zufrieden damit, die Truppen der kleineren zu erkaufen, suchen nach allen Seiten, Bündnisse zu erkaufen, d.h. fast immer ihr Geld fortzuwerfen.

Die Folge einer solchen Weltlage ist die ständige Erhöhung der Abgaben, und, was alle zukünftigen Besserungen unterbindet, man rechnet nicht mehr auf die Einkünfte, sondern man führt den Krieg mit seinem Kapital (d.h. mit Anleihen). Es ist nichts Ungewöhnliches, dass ein Staat seinen Grundbesitz mit Hypotheken belastet und, um sich zu ruinieren, Mittel anwendet, die er außerordentliche nennt und die das in so hohem Grad sind, dass der liederlichste Sohn einer Familie kaum auf sie verfallen möchte.

Buch 14

Die Gesetze in ihrer Beziehung zum Klima

1. Allgemeine Vorbemerkung

Wenn es wahr ist, dass Denkweise und Empfindungsweise unter verschiedenen Himmelsstrichen außerordentlich verschieden sind, so müssen sich die Gesetze dieser Verschiedenheit genau anpassen.

2. Wie sehr die Menschen unter verschiedenen Himmelsstrichen verschieden sind

Unter dem Einfluss der Kälte ziehen sich die unter der Haut gelegenen Fibern unseres Körpers zusammen und drängen das Blut nach dem Herzen. Unter demselben Einfluss verkürzen sich auch diese Fibern, und dadurch nimmt ihre Kraft zu. Die Wärme hat die umgekehrte Wirkung.

Unter kalten Himmelsstrichen hat man also eine größere Lebenskraft. Die Wirkung des Herzens und die Gegenwirkung der Fibern geht besser vonstatten, die Säfte sind in besserem Gleichgewicht, das Blut strömt kräftiger zum Herzen, und das Herz ist entsprechend kräftiger. Diese größere Kraft muss mannigfaltige Wirkungen haben. So erzeugt sie beispielsweise größeres Selbstvertrauen, d.h. größeren Mut; größeres Bewusstsein der eigenen Überlegenheit, d.h. geringere Rachelust; größeres Sicherheitsgefühl, d.h. größeren Freimut, geringere Argwöhnischkeit, List und Verschlagenheit. Kurz, all dies muss den Menschen ein sehr verschiedenes Gepräge geben. Man bringe einen Menschen in einen heißen und eingeschlossenen Raum, dann wird er aus den angegebenen Gründen eine sehr große Herzschwäche verspüren. Schlägt man ihm in diesem Zustand eine kühne Handlung vor, so wird man ihn, glaube ich, wenig dazu geneigt finden. Seine augenblickliche Schwäche wird in seiner Seele Entmutigung erzeugen; er wird alles fürchten, weil er fühlen wird, dass er nichts kann. Die Völker in den heißen Ländern sind furchtsam wie alte Leute; die in kalten mutig wie junge. Betrachten wir den letzten Krieg, den Spanischen Erbfolgekrieg, der für uns das nächstliegende und durchsichtigste Beispiel liefert, so werden wir merken, dass die nordischen Völker, in die südlichen Länder versetzt, sich nicht so bewährt haben wie ihre Landsleute, die, da sie in ihrem eigenen Klima kämpften, im Vollbesitz ihres Mutes waren.

(Aus physiologischen Aufstellungen, die heutzutage etwas sonderbar anmuten, zieht Montesquieu eine Reihe von Folgerungen über den Charakter der Völker. Man muss in diesen Folgerungen das Ergebnis seiner auf seinen Reisen und aus dem Studium der Geschichte gesammelten Beobachtungen erblicken und ihnen als solchen ihren Wert belassen, mag auch die physiologische Erklärung des Tatsächlichen minderwertig oder ganz wertlos sein, obschon er sie stellenweise durch Versuche, die er beschreibt, zu stützen unternommen hat. Im Folgenden sind nur seine Äußerungen über die Charaktereigenschaften der Völker gegeben, die physiologischen Erklärungsversuche ausgelassen.

Die nordischen Völker nähren sich kräftiger, sind größer und stärker an Wuchs, jedoch weniger sensibel und lebhaft. Den feineren Reizen weniger zugänglich, haben sie wenig Empfänglichkeit für die Genüsse. Diese steigern sich mit der zunehmenden Wärme des Klimas.) Ich habe in England und in Italien Opern gesehen. Es waren dieselben Stücke und dieselben Schauspieler. Aber dieselbe Musik übt auf die beiden Nationen eine ganz verschiedene Wirkung. Die eine ist so ruhig und die andere so hingerissen, dass es unbegreiflich erscheint.

(So nimmt auch die Empfindlichkeit gegen Schmerz mit der Wärme des Klimas ab.) Einem Russen muss man schon die Haut abziehen, um in ihm Schmerzempfindung zu erzeugen.

Mit dieser Zartheit der Organe, die man in heißen Ländern hat, hängt es auch zusammen, dass die Seele von allem, was auf den Geschlechtsgenuss hinzielt, mächtig erregt wird: Alles führt auf diesen Gegenstand hin.

In den heißen Ländern liebt man die Liebe um ihrer selbst willen. Sie ist dort die alleinige Ursache des Glücks. Sie ist das Leben.

In den südlichen Ländern gibt sich ein zarter, schwächlicher, aber fein empfindender Organismus entweder einer Liebe hin, die sich in einem Serail unaufhörlich erzeugt und beruhigt, oder einer Liebe, die, indem sie den Frauen eine größere Unabhängigkeit lässt, tausend Beunruhigungen ausgesetzt ist. In den nördlichen Ländern dagegen findet ein gesunder, wohl ausgestatteter, wenn auch schwerfälligerer Organismus seine Genüsse in allem, was die Lebensgeister in Bewegung zu setzen vermag: Jagd, Reisen, Krieg, Wein. In nördlichen Strichen wird man Völker finden, die wenig Laster, ziemlich viel Tugenden, viel Ehrlichkeit und Offenheit zeigen.

Nähert man sich dem Süden, so hat man den Eindruck, als wenn man sich von der Sittlichkeit selbst entfernte. Heftigere Leidenschaften steigern die Zahl der Verbrechen. Jeder versucht, über die andern alle die Vorteile zu erlangen, die eben diese Leidenschaften begünstigen. In den gemäßigten Ländern – wie in Frankreich – findet man Völker, die in ihren Gewohnheiten, sogar in ihren Lastern und ihren Tugenden, unbeständig sind. Die Beständigkeit des Klimas ist dort nicht groß genug, um ihnen selbst Beständigkeit zu verleihen.

3. Widersprüche in den Charakteren gewisser südlicher Völker

Die Inder besitzen keinen natürlichen Mut. Selbst die in Indien geborenen Kinder von Europäern verlieren den Mut ihrer Rasse. Aber wie soll man das mit ihren grässlichen Handlungen, ihren Sitten, ihren barbarischen Bußübungen vereinigen? Die Männer unterwerfen sich unglaublichen Leiden, die Frauen verbrennen sich selbst: Das ist viel Stärke für so viel Schwäche!

Die Natur, die diesen Völkern eine Schwäche gegeben hat, die sie furchtsam macht, hat ihnen auch eine lebhafte Einbildungskraft gegeben, die von allen Reizen bis zum Übermaß erregt wird. Dieselbe organische Zartheit, die sie den Tod fürchten lässt, dient ihnen auch, tausend Dinge mehr zu fürchten als den Tod. Dieselbe Empfindlichkeit lässt sie vor allen Gefahren fliehen und allen Gefahren trotzen.

Wie eine gute Beaufsichtigung für Kinder notwendiger ist als für ausgereifte Leute, so haben auch die Völker jener Himmelsstriche einen weisen Gesetzgeber mehr nötig als die Völker des unseren. Je leichter und nachhaltiger man Eindrücke aufnimmt, umso wichtiger ist es, sie in zuträglicher Weise aufzunehmen und sich von der Vernunft leiten zu lassen.

Zu den Zeiten der Römer lebten die nördlichen Völker ohne Künste, ohne Erziehung, ja fast ohne Gesetze. Und doch hielten sie sich gegen die Römer mit einer bewundernswerten Klugheit dank ihrer gröberen und kräftigeren Konstitution bis zu dem Augenblick, wo sie aus ihren Wäldern hervorbrachen, um das Römerreich zu zerstören.

4. Gründe der Starrheit des Orients in Religion, Sitten, Gewohnheiten und Gesetzen

Wenn man zu dieser Schwäche der Organe, die den orientalischen Völkern die stärkste Eindrucksfähigkeit verleiht, noch eine gewisse geistige Trägheit hinzunimmt, die sich naturgemäß mit der körperlichen verbindet und bewirkt, dass ihr Geist keiner Handlung, keiner Anstrengung, keiner Anspannung fähig ist, so wird man begreifen, dass solch eine Seele, wenn sie einmal Eindrücke empfangen hat, nicht mehr von ihnen loskommt. Das ist der Grund, dass die Gesetze, die Sitten, die Gewohnheiten, selbst die nebensächlich erscheinenden, noch heute im Orient fast so sind, wie sie vor tausend Jahren waren.

5. Schlechte Gesetzgeber sind die, welche die im Klima begründeten Laster begünstigt, gute, die sich ihnen widersetzt haben.

Die Inder glauben, dass die Ruhe und das Nichts Grund aller Dinge und das Endziel sind, auf das sie hinstreben. Sie betrachten also die vollkommene Untätigkeit als den vollkommensten Zustand und das Ziel ihrer Wünsche. Sie geben dem höchsten Wesen den Beinamen des Unbeweglichen. Die Siamesen glauben, dass das höchste Glück darin bestehe, keine Maschine in Bewegung zu setzen und den Körper nicht handeln zu lassen.

In diesen Ländern, wo die übermäßige Hitze entnervt und niederdrückt, ist die Ruhe so köstlich und die Bewegung so mühselig, dass dieses metaphysische System natürlich erscheint, und Buddha, der indische Gesetzgeber, hat seinen eigenen Empfindungen nachgegeben, wenn er die Menschen in einen außerordentlich passiven Zustand versetzt hat. Aber seine Lehre, die aus der Trägheit des Klimas geboren ist und sie ihrerseits wieder begünstigt, hat unzählige Übel erzeugt.

Vernünftiger waren die chinesischen Gesetzgeber. Sie berücksichtigten den Menschen nicht in dem friedlichen Zustand, in dem er eines Tages vielleicht sein wird, sondern in dem tätigen, der ihn befähigt, die Ansprüche des Lebens zu erfüllen, und geben ihrer Religion, ihrer Philosophie und ihren Gesetzen einen durchaus nüchternen Anstrich. Je mehr die natürlichen Rücksichten den Menschen zur Ruhe drängen, umso mehr müssen die sittlichen Rücksichten ihn davon entfernen.

6. Der Landbau in den heißen Ländern

Der Anbau der Erde ist die größte Leistung des Menschen. Je mehr das Klima dazu drängt, diese Arbeit zu vermeiden, umso mehr müssen die Religion und die Gesetze dazu anfeuern. Wenn also die indischen

Gesetze das Ackerland den Fürsten zusprechen und den Einzelnen den Sinn für Landbesitz nehmen, steigern sie die schlechte Wirkung des Klimas, d.h. die natürliche Trägheit.

7. Das Mönchswesen

Das Mönchswesen erzeugt dort dieselben Übel. Es ist in den heißen Ländern des Ostens entstanden, wo man weniger zum Handeln als zum Grübeln geneigt ist.

In Asien scheint die Zahl der Derwische oder Mönche mit der Wärme des Klimas zuzunehmen. Indien, wo sie übermäßig ist, wimmelt davon. Auch in Europa findet man den gleichen Unterschied.

Um die im Klima begründete Trägheit zu überwinden, müssten die Gesetze jede Möglichkeit, ohne Arbeit zu leben, unterbinden. Aber im südlichen Europa tun sie genau das Gegenteil. Sie weisen denen, die untätig leben wollen, Stellungen, die zum grüblerischen Leben geeignet sind, an und statten sie mit unermesslichen Reichtümern aus. Diese Leute, die in einem ihnen selbst lästigen Überfluss leben, geben mit Recht, was sie entbehren können, dem niederen Volk: Es hat ja das Nutzungsrecht seines Besitzes an sie verloren. Sie entschädigen es durch die Untätigkeit, deren Genuss sie ihm verschaffen, und so findet es schließlich an seinem Elend Wohlgefallen.

9. Mittel, um die Gewerbe zu ermutigen

Im 19. Buch werde ich zeigen, dass die trägen Völker gewöhnlich ehrliebend sind. Man könnte die Wirkung gegen die Ursache ausspielen und die Trägheit durch den Ehrgeiz zerstören. Da im südlichen Europa die Völker für Anregungen ihres Ehrgefühls so empfänglich sind, sollte man den Bauern Preise versprechen, die ihr Land am besten in Ordnung halten, und den Gewerbetreibenden, die ihre Industrie am weitesten bringen. Dies Verfahren wird selbst in jedem Land anwendbar sein. Es hat in unseren Tagen in Irland zu der Begründung der bedeutendsten Leinenindustrie in Europa geführt.

10. Gesetze gegen Trunkenheit

(Montesquieu sieht in dem Weinverbot der Mohammedaner eine durch Rücksicht auf das Klima hervorgerufene Vorschrift. Die stärkere Ausdünstung des Körpers in warmen Ländern muss durch Wassertrinken ausgeglichen werden. Wein würde das Blut zu sehr verdicken.)

Ein ähnliches Gesetz würde in kalten Ländern nicht gut sein, wo das Klima zu einer gewissen Volkstrunkenheit zu zwingen scheint, die sehr verschieden von der Trunkenheit des Einzelnen ist. Die Trunksucht findet sich überall auf der Erde (und nimmt vom Äquator nach den beiden Polen hin zu).

Es ist natürlich, dass da, wo der Wein sich nicht mit dem Klima und also auch nicht mit der Gesundheit verträgt, die Unmäßigkeit strenger gestraft werden muss als in den Ländern, wo die Trunkenheit wenig schlechte Wirkungen für den Einzelnen hat, wo sie auch wenig solche für die Allgemeinheit hat, wo sie die Menschen nicht wild, sondern nur stumpfsinnig macht. So waren die Gesetze, die einen trunkenen Menschen sowohl für die Trunkenheit als für eine in diesem Zustand begangene Handlung straften, nur anwendbar auf die Trunkenheit des Einzelnen, nicht auf die nationale Trunkenheit. Ein Deutscher trinkt aus Gewohnheit, ein Spanier mit Vorbedacht.

11. Von den Gesetzen gegen klimatische Krankheiten (Die Lepra machte besondere Gesetze nötig.)

Vor zweihundert Jahren kam eine unsern Vätern unbekannte Krankheit aus der Neuen Welt zu uns und griff die menschliche Gesundheit bis in die Quellen des Lebens und Genusses an. Man sah die meisten großen Familien des südlichen Europas durch ein Übel zugrunde gehen, das zu allgemein wurde, um noch entehrend zu sein, und nur noch wie ein Verhängnis betrachtet wurde. Der Durst nach Gold gab dieser Krankheit immer von Neuem Nahrung: Man ging ununterbrochen nach Amerika und brachte immer neues Gift mit.

Da eine weise Gesetzgebung auch über die Gesundheit der Bürger wachen muss, wäre es sehr vernünftig gewesen, die Weiterverbreitung durch Gesetze nach dem Muster der mosaischen zu verhindern.

Die Pest richtet noch viel schnellere und gewaltsamere Verheerungen an. Ihre Heimat ist Ägypten, von wo sie sich über die Erde verbreitet. Man hat in der Mehrzahl der europäischen Staaten sehr gute Bestimmungen gegen ihre Einschleppung getroffen, und in unsern Tagen hat man ein treffliches Mittel ersonnen, um ihr Halt zu gebieten: Man zieht einen Truppenkordon um das angesteckte Land und verhindert so jeglichen Verkehr.

12. Die Gesetze gegen die Selbstmörder (vgl. Persische Briefe Nr. 76, S. 88)

(Die Römer begingen Selbstmord nur aus triftigen Gründen, die Engländer ohne ersichtliche Gründe, infolge einer Krankheit, die sie Spleen nennen.) Es ist klar, dass die Gesetze einiger Länder gute Gründe gehabt haben, um den Selbstmörder mit Schande zu behaften. Aber in England dürfte man sie ebenso wenig bestrafen wie Verbrecher aus Irrsinn.

13. Wirkungen des englischen Klimas

In einem Volk, das durch eine klimatische Krankheit bis zum Ekel am Leben getrieben wird, würde, wie man einsieht, die Regierungsform die beste sein, die es verhinderte, dass diese mit allem Unzufriedenen an einem Einzelnen ihre Unzufriedenheit auslassen könnten, und bewirkte, dass, da Gesetze, nicht Menschen regierten, man, um den Staat zu ändern, eben die Gesetze selbst umstürzen müsste.

Wenn nun dasselbe Volk auch noch durch das Klima einen ungeduldigen Charakter empfangen hätte, der es die gleichen Dinge nicht lange unverändert ertragen ließe, würde die bezeichnete Regierungsform doppelt passen.

Diese Ungeduld ist nicht an sich groß, kann es aber werden, wenn sie sich mit Wagemut verbindet.

Sie ist verschieden von der Leichtfertigkeit, die da bewirkt, dass man sich grundlos in Unternehmungen stürzt und sie ebenso grundlos aufgibt. Sie ist eher mit der Hartnäckigkeit verwandt, weil sie aus einer so lebendigen Empfindung für die Übel herkommt, dass sie sich nicht einmal durch die Gewöhnung abschwächt.

Dieser Charakterzug würde bei einem freien Volk sehr geeignet sein, um allen umstürzlerischen Bestrebungen den Boden zu entziehen.

Die Knechtschaft beginnt immer mit dem Schlaf. Aber ein Volk, das in keiner Lage Ruhe hat, das sich ohne Aufhören betastet und dann alle Stellen schmerzhaft findet, könnte kaum einschlafen.

Die Politik ist einer heimlich wirkenden Feile zu vergleichen, die langsam eindringt und zu ihrem Ziel gelangt. Leute wie die, von denen wir reden, könnten die Langsamkeit, Sorgfältigkeit und Kaltblütigkeit politischer Verhandlungen nicht aushalten. Sie würden damit oft weniger leicht zum Ziel kommen als die anderen Völker, und sie würden durch ihre Verträge verlieren, was sie mit ihren Waffen gewonnen haben.

14. Andere Wirkungen des Klimas

Unsere Vorfahren, die alten Germanen (d.h. die Franken), bewohnten ein Klima, wo die Leidenschaften sehr mäßig waren. Ihre Gesetze fassten die Dinge ganz nüchtern auf. Und da sie die Menschen angetanen Kränkungen nach der Größe der Wunden bemaßen, suchten sie in den Frauen angetanen Kränkungen nichts Besonderes. Das Gesetz der alten Deutschen ist darin sehr sonderbar: Wenn man einer Frau den Kopf entblößt, soll man eine Geldstrafe von 10 Solidi bezahlen, ebenso viel für eine Entblößung bis zum Knie, drüber hinaus das Doppelte. Es scheint, dass das Gesetz die Größe der den Frauen angetanen Kränkungen nach dem Längenmaß bestimmte. Es strafte nicht das in der Vorstellung liegende Vergehen, es strafte das Vergehen der Augen. Als aber ein germanischer Stamm nach Spanien verpflanzt wurde, erfand das Klima andere Gesetze. Das Gesetz der Westgoten verbot den Ärzten, eine vornehme Frau anders zur Ader zu lassen als in Gegenwart ihres Vaters oder ihrer Mutter oder ihres Bruders, ihres Sohnes oder ihres Oheims. Die Einbildungskraft des Volkes hatte sich entzündet, die der Gesetzgeber erhitzte sich gleichfalls; das Gesetz beargwöhnte alles im Sinn eines Volkes, das auch alles beargwöhnen konnte.

Diese Gesetze richteten also eine außerordentliche Aufmerksamkeit auf die Beziehungen der beiden Geschlechter. Aber es scheint, dass sie bei ihren Strafen mehr darauf sahen, der Rache des Einzelnen Genüge zu leisten als der öffentlichen Vergeltung. So gaben sie auch in der Mehrzahl der Fälle die beiden Schuldigen den Verwandten oder dem beleidigten Gatten zu Sklaven. Eine vornehme Frau, die sich einem verheirateten Mann hingegeben hatte, wurde seiner Frau zu freier Verfügung überliefert. Sie verpflichteten die Sklaven, eine Frau, die sie beim Ehebruch ertappten, ihrem Mann gefesselt zu übergeben. Sie erlaubten ihren Kindern, sie anzuklagen und Sklaven auf der Folter zur Aussage gegen sie zu zwingen. Somit waren sie geeigneter, ein gewisses Ehrgefühl zu übersteigern, als eine gute Aufsicht zu begründen.

Buch 15

Von den Beziehungen der bürgerlichen Sklaverei zum Klima

(Dies Buch handelt von der Sklaverei. Montesquieu verwirft sie von allen Gesichtspunkten aus. Doch erscheinen nach ihm die Schwarzen als eine so minderwertige Rasse, dass er es sich wenigstens vorstellen kann, mit welchen Gründen jemand die Sklaverei für diese aufrechterhalten könnte, vorausgesetzt, dass klimatische Gründe ihr Bestehen erklären. Jedenfalls empfiehlt er große Menschlichkeit gegen die Sklaven und eine gesetzliche Regelung ihres Verhältnisses zu ihren Herren.)

Buch 16

Von den Beziehungen der Gesetze über häusliche Sklaverei zum Klima

(Dies Buch bespricht zunächst die Länder, in denen die Frauen wie Sklaven gehalten werden, berührt die Vielweiberei und behandelt dann die Ehescheidung.)

12. Von der natürlichen Scham

Alle Völker haben in gleichem Maß Verachtung für die Ausschweifungen der Frauen. Das zeigt, wie die Natur zu allen Völkern vernehmlich gesprochen hat. Sie hat die Verteidigung geschaffen, sie hat den Angriff eingerichtet, und während sie beiden Geschlechtern das sinnliche Verlangen gab, gab sie dem einen die kühne Zudringlichkeit, dem andern die Scham. Um sich zu erhalten, gab sie den Einzelwesen eine lange Zeit; dass sie sich fortpflanzten, gewährte sie ihnen nur kurze Augenblicke.

Es ist also nicht wahr, dass, wer seinem sinnlichen Begehren maßlos nachgibt, den Gesetzen der Natur folge. Er verletzt sie im Gegenteil. Maß und Zurückhaltung entsprechen diesen Gesetzen.

Übrigens liegt es in der Natur der verstandesbegabten Wesen, sich ihrer Unvollkommenheiten bewusst zu sein: Also hat die Natur das Schamgefühl in uns gelegt, d.h. das Bewusstsein unserer Unvollkommenheiten.

Wenn also die physikalische Wirkung gewisser Klimate das natürliche Gesetz verletzt, und zwar sowohl das der beiden Geschlechter als auch das der vernunftbegabten Wesen, muss der Gesetzgeber bürgerliche Gesetze schaffen, welche die Einwirkung des Klimas überwinden und die ursprünglichen Gesetze wiederherstellen.

13. Von der Eifersucht

Man muss wohl unterscheiden zwischen der Eifersucht der Leidenschaft und der Eifersucht der Gewohnheiten, Sitten, Gesetze. Die erstere ist ein brennendes und verzehrendes Fieber. Die andere, die kühl überlegend, mitunter aber furchtbar ist, kann sich mit Gleichgültigkeit und Verachtung verbinden.

Die eine, die eine Missgestalt der Liebe ist, entsteht aus eben dieser Liebe. Die andere ist einzig abhängig von den Sitten und Gebräuchen des Volkes, den Landesgesetzen, der Sittlichkeit und manchmal sogar von der Religion.

Sie ist fast immer ein Ausfluss des Klimas und zugleich ein Heilmittel gegen dessen verhängnisvolle Wirkungen.

15. Von Ehescheidung und Verstoßung

Zwischen Ehescheidung und Verstoßung besteht der Unterschied, dass Erstere durch gegenseitige Einwilligung aufgrund gegenseitiger Unverträglichkeit zustande kommt, während die Verstoßung nur durch den Willen und nur zum Nutzen eines der beiden Teile ausgeführt wird, ohne Rücksicht auf Willen und Vorteil des andern.

Manchmal sind die Frauen notgedrungen in der Lage, ihren Gatten verstoßen zu müssen, und dabei ist es für sie so folgenschwer, es zu tun, dass das Gesetz hart ist, das dies Recht allein den Männern gibt. Der Gatte ist der Herr des Hauses. Er hat tausend Mittel, seine Frau in der Pflicht zu erhalten oder zu ihr zurückzuzwingen, und es scheint, als sei die Verstoßung in seinen Händen nur ein neuer Missbrauch seiner Gewalt. Aber eine Frau, die den Mann verstößt, benutzt nur ein trübseliges Heilmittel. Für sie ist es immer ein großes Unglück, sich einen zweiten Mann zu suchen, wenn sie die Mehrzahl ihrer Reize bei einem andern verloren hat. Das ist einer der Vorzüge der Jugendreize der Frauen, dass in vorgerückterem Alter der Gatte durch die Erinnerung an das, was er früher genossen, zum Wohlwollen geneigt ist.

So gilt also allgemein die Forderung, dass in den Ländern, wo den Männern vom Gesetz das Recht der Verstoßung gewährt wird, die Frauen dies auch haben müssen. Mehr noch: Unter den Himmelsstrichen, wo die Frauen in häuslicher Sklaverei leben, muss anscheinend das Gesetz den Frauen die Verstoßung, den Männern dagegen nur die Ehescheidung gestatten.

(Letzteres wird noch begründet und schließlich noch darauf hingewiesen, dass die Scheidung unwiderruflich sein müsse.)

16. (Handelt von Scheidung und Verstoßung bei den Römern.)

Buch 17

Von den Beziehungen der politischen Sklaverei zum Klima

1–3. (Aus den klimatischen Verhältnissen Asiens und Europas wird gefolgert:)

In Asien stehen kräftige Völker den schwachen gegenüber. Kriegerische, tapfere, tatkräftige Völker grenzen unmittelbar an weichliche, träge, furchtsame. So müssen die einen Eroberer, die anderen Eroberte sein. In Europa dagegen steht ein kraftvolles Volk einem anderen kraftvollen gegenüber. Die Nachbarn sind sich an Mut ungefähr gleich. Das ist der große Grund für Asiens Schwäche und Europas Stärke, Europas Freiheit und Asiens Knechtschaft, ein Grund, von dem ich nicht weiß, ob man ihn schon bemerkt hat.

4. Folgerungen aus dem Vorangehenden

Das eben Gesagte stimmt mit dem Verlauf der Geschichte vollkommen überein. Asien ist dreizehnmal unterjocht worden, elfmal von den nördlichen, zweimal von den südlichen Völkern. In alten Zeiten eroberten die Skythen es dreimal, dann Perser und Meder je einmal, dann die Griechen, die Araber, die Mongolen, die Türken, die Tataren, die Neuperser und die Afghanen. Ich spreche nur von Mittelasien und rede noch gar nicht von den Einfällen im südlichen Teil dieses Erdteils, der unaufhörlich unter großen Umwälzungen gelitten hat.

In Europa kennen wir dagegen seit der Begründung der phönizischen und der griechischen Kolonien nur vier große Veränderungen. Die erste wurde durch die Eroberungen der Römer veranlasst, die zweite durch die Völkerwanderung, die dritte durch Karls des Großen Siege und die letzte durch den Einbruch der Normannen. Und wenn man diese Vorgänge genau prüft, wird man selbst in diesen Veränderungen noch beobachten, wie eine allgemeine Kraft durch alle Teile von Europa verbreitet ist. Man kennt die Schwierigkeit, die die Römer bei ihren Eroberungen in Europa fanden, und die Leichtigkeit ihrer asiatischen Eroberungen. Man kennt die Mühe, die die Barbaren hatten, Rom zu stürzen, die mühevollen Kriege Karls des Großen, die verschiedenen Versuche der Normannen. Die Zerstörer wurden ohne Unterlass selber zerstört.

Buch 18

Die Gesetze in ihrer Beziehung zur Bodenbeschaffenheit des Landes

1. Güte des Bodens führt ein Volk zur Abhängigkeit. Die Landleute, die dann die Mehrheit bilden, sind nicht so eifersüchtig auf die Erhaltung ihrer Freiheit bedacht. Sie sind von ihren kleinen und besonderen Sorgen zu sehr in Anspruch genommen. Flaches Land, das viel Reichtümer besitzt, fürchtet die Plünderung, fürchtet ein Heer.

So findet sich denn die Einzelherrschaft zumeist in den fruchtbaren Ländern, die Vielherrschaft in denen, die das nicht sind, und das ist für Letztere manchmal eine Entschädigung.

Die Unfruchtbarkeit des attischen Bodens begründete auf ihm die Volksherrschaft, und Lakedämons Fruchtbarkeit die aristokratische. Denn in jener Zeit wollte man in Griechenland von einer Monarchie nichts wissen, die aristokratische hat aber mit ihr die meiste Verwandtschaft.

Plutarch sagt uns, dass, als die Kylon'sche Verschwörung in Athen vorüber war, die Stadt in die alten Parteikämpfe zurückfiel und sich in so viel Parteien auflöste, als es Bodenarten in Attika gab. Die Bergbewohner verlangten die Volksherrschaft, die Bewohner der Ebene die Herrschaft der Vornehmen, die Bewohner des Küstenstrichs waren für eine aus beiden gemischte Regierung.

2. Fortsetzung

Die fruchtbaren Länder sind Ebenen, wo man sich schlecht gegen den Stärkeren verteidigen kann. So unterwirft man sich ihm, und wenn das geschehen ist, kann der Geist der Freiheit nicht wiederkommen. Landbesitz ist ein Unterpfand der Treue. In gebirgigen Ländern aber kann man seinen Besitz leicht verteidigen, und man hat auch nicht viel. Die Freiheit, das heißt die Regierungsform, die man hat, ist das einzige Gut, das der Verteidigung wert ist. Sie herrscht also mehr in den bergigen und schwer zugänglichen Ländern als in denen, die von der Natur mehr begünstigt erscheinen.

Die Bergvölker bewahren eine gemäßigtere Regierung, weil sie nicht so den Eroberungen ausgesetzt sind. Sie verteidigen sich leicht und sind schwer anzugreifen. Darum finden alle Gesetze, die man zur Sicherung eines Volkes schafft, dort weniger Boden.

3. Welches die kultiviertesten Länder sind

Die Kulturstufe eines Landes steht nicht in gradem Verhältnis zu seiner Fruchtbarkeit, sondern zu seiner Freiheit, und wenn man in Gedanken die Erde teilt, wird man erstaunt sein zu sehen, wie die meiste Zeit hindurch die fruchtbarsten Striche öde liegen und große Völker dort aufwachsen, wo der Boden ganz zu versagen scheint.

Es ist natürlich, dass ein Volk einen schlechten Boden verlässt, um einen besseren zu suchen, nicht umgekehrt. Die von der Natur am meisten begünstigten Länder sind also den meisten Einfällen ausgesetzt, und da Einfall und Verwüstung eng zusammengehören, sind die besten Landstriche oft die entvölkertsten, während das hässliche Gebiet des Nordens immer bewohnt bleibt, weil es fast unbewohnbar ist.

Aus den Berichten über den Zug der Völker von Skandinavien nach den Donauufern sieht man, dass das kein Eroberungszug, sondern eine Auswanderung nach verlassenen Gebieten war.

Diese glücklichen Himmelsstriche waren also durch andere Auswanderungen entvölkert worden, und wir kennen nur nicht die tragischen Vorgänge, die dort stattgefunden hatten.

4. Weitere Folgen der Fruchtbarkeit und der Unfruchtbarkeit eines Landes

Die Unfruchtbarkeit des Bodens macht seine Bewohner erfindungsreich, nüchtern, arbeitsgewohnt, mutig, kriegstüchtig, sie müssen sich eben schaffen, was der Boden nicht von selbst gibt. Die Fruchtbarkeit eines Landes gibt mit der Wohlhabenheit die Weichlichkeit und eine gewisse Liebe zur Erhaltung des Lebens um jeden Preis.

Man hat beobachtet, dass die deutschen Truppen, die in Gegenden ausgehoben werden, wo die Bauern reich sind, wie in Sachsen, nicht so gut sind wie die andern. Die militärischen Gesetze können diesem Übelstand durch eine strengere Manneszucht abhelfen.

7. Der Einfluss des Menschen auf die Erdoberfläche

Durch ihre Sorgfalt und durch gute Gesetze haben die Menschen die Erde geeigneter gemacht, ihnen zur Wohnung zu dienen. Wir sehen Flüsse strömen, wo früher See und Sumpf war. Diese Vorzüge hat die Natur zwar nicht geschaffen, aber sie erhält sie. Als die alten Perser Herren von Asien waren, gewährten sie denen, die an einen vorher dürren Ort eine Quelle hingeleitet hatten, fünf Generationen hindurch die Benutzung davon, und da viele Bäche vom Taurus herabkommen, sparten sie keine Ausgabe, sie zur Bewässerung auszunutzen. Heute findet man dort Wasser in seinen Gärten und auf seinen Feldern, ohne zu wissen, woher es kommt.

Wie die zerstörenden Völker Übel schaffen, die sie überdauern, so gibt es arbeitsame Völker, die Werke schaffen, die nicht mit ihnen untergehen.

Buch 19

Die Gesetze in ihrer Beziehung zum Nationalcharakter

1. Von dem Gegenstand dieses Buches

Dieser Stoff ist von großer Ausdehnung. Gegenüber der Masse von Ideen, die sich mir zudrängen, werde ich auf die Anordnung der Dinge mehr achten als auf die Dinge selbst. Ich muss rechts und links Überflüssiges abweisen, grade vorwärtsstreben und mich hindurcharbeiten.

2. Auch für die besten Gesetze muss der Boden vorher bereitet sein.

Nichts schien den Germanen unerträglicher als die Gerichtsoberhoheit des Varus. Die, welche Justinian bei den Lazianern einsetzte, um dem Mörder ihres Königs den Prozess zu machen, erschien diesen als eine entsetzliche und barbarische Sache. In einer Rede gegen die Römer macht ihnen Mithridates besonders die Formalitäten ihrer Rechtsprechung zum Vorwurf. Die Parther mochten jenen König nicht, der, in Rom erzogen, sich allen Leuten zugänglich und umgänglich erzeigte. Selbst die Freiheit hat Völkern unerträglich geschienen, die an ihren Genuss nicht gewöhnt waren. So ist manchmal reine und frische Luft denen schädlich, die in einer Sumpfniederung aufgewachsen sind.

3. Von der Tyrannei

Es gibt zwei Arten von Tyrannei, eine wirkliche, die in der Gewaltsamkeit der Regierung besteht, und eine, die nur in der Vorstellung vorhanden ist und fühlbar wird, wenn die Regierung Einrichtungen trifft, die die Denkweise eines Volkes beleidigen.

(Als Beispiel wird Augustus genannt, der, in Wahrheit König, die Abneigung der Römer gegen das Königtum weise zu schonen wusste, indem er den Namen desselben vermied und die äußeren Formen der Republik bestehen ließ.)

4. Was Nationalcharakter ist

Mehrere Dinge beherrschen den Menschen: Klima, Religion, Gesetze, Regierungsgrundsätze, seine Vergangenheit, Sitten, Gewohnheiten. Als Endergebnis aus all diesem entspringt ein allgemeiner Volksgeist.

In dem Maß, wie in jedem Volk eine dieser Ursachen stärker wirkend auftritt, weichen ihr die andern um ebenso viel. Über die Wilden herrschen Bodenbeschaffenheit und Klima fast allein; Gewohnheiten regieren in China. Die Gesetze tyrannisieren Japan. Die Sitten gaben in Sparta ehemals den Ton an, in Rom taten es die Regierungsgrundsätze und die alten Sitten.

5. Wie sehr man darauf achten muss, den Nationalcharakter zu erhalten

Wenn es in der Welt ein Volk gäbe (Montesquieu meint die Franzosen), das einen umgänglichen Charakter besäße, ein offenes Herz, Lebenslust, Geschmack, Leichtigkeit, seine Gedanken mitzuteilen; ein Volk, das lebhaft, ansprechend, heiter, manchmal unklug, oft unbesonnen wäre und dabei Mut, Edelsinn, Freimut, eine gewisse Empfindlichkeit in Ehrensachen besäße, dann dürfte man es nicht in seinen äußerlichen Gewohnheiten durch Gesetze beirren, um es nicht in seinen inneren Vorzügen zu beirren. Wenn der Charakter im Ganzen gut ist, was liegt dann an einzelnen Mängeln?

Man würde bei diesem Volk die Frauen etwas einschränken, Gesetze geben können, um ihre Sitten zu bessern, ihre Prachtliebe einzudämmen; aber wer weiß, ob man dadurch nicht einen gewissen Geschmack zerstören würde, der die Quelle der Volksreichtümer wäre, sowie eine Höflichkeit, welche die Fremden zu ihm hinzieht?

Des Gesetzgebers Aufgabe ist es, sich dem Volkscharakter anzupassen, solange er nicht den Regierungsgrundsätzen widerspricht. Denn wir machen nichts besser als das, was wir aus freiem Antrieb tun, indem wir unserer natürlichen Veranlagung folgen.

Gibt man einem von Natur leichtlebigen Volk den Geist der Pedanterie, wird der Staat weder nach innen noch nach außen dadurch etwas gewinnen. Man lasse es die nichtigen Dinge ernst und die ernsten Dinge leichtfertig tun!

6. Man muss nicht alles verbessern wollen.

Man lasse uns, wie wir sind, sagte mir ein Edelmann aus einem Volk, das dem eben geschilderten sehr ähnlich sieht. Die Natur gleicht alles wieder aus. Sie hat uns eine Lebhaftigkeit gegeben, die sich wohl bis zu einer Beleidigung vergessen und über alle Rücksichten hinwegsetzen kann, aber ebendieselbe Lebhaftigkeit wird berichtigt durch die Höflichkeit, die sie uns verleiht, indem sie uns Geschmack an der Geselligkeit, besonders am Umgang mit Frauen einflößt.

Man lasse uns also, wie wir sind. Unsere Voreiligkeit, verbunden mit dem fast gänzlichen Mangel an Bosheit, bewirkt, dass Gesetze, die unseren Geselligkeitssinn beeinträchtigen würden, ganz ungeeignet wären.

7. Athener und Spartaner

Die Athener, fuhr jener Edelmann fort, waren ein Volk, das mit dem unsern einige Ähnlichkeit hatte; es brachte Heiterkeit in seine Staatsgeschäfte. Ein spottender Zug gefiel ihm auf der Rednerbühne so gut wie auf der Schaubühne. Die Lebhaftigkeit seiner Entschlüsse übertrug es auch auf die Ausführung. Der Charakter der Spartaner war gewichtig, ernst, trocken, schweigsam. Man würde ebenso wenig mit einem Athener etwas haben anfangen können, wenn man ihn langweilte, wie mit einem Spartaner, wenn man ihn zu belustigen versuchte.

8. Wirkung des Geselligkeitssinns

Je mitteilsamer ein Volk ist, umso leichter wechselt es in seinen Gebräuchen, weil jeder für den andern ein

Schauspiel ist; man sieht besser die Eigenarten der Einzelnen. Das Klima, das bewirkt, dass ein Volk es liebt, sich mitzuteilen, bewirkt auch, dass es die Veränderung liebt, und das, was bewirkt, dass ein Volk die Veränderung liebt, bewirkt auch, dass es seinen Geschmack ausbildet.

Der Verkehr mit Frauen verdirbt die Sitten und bildet den Geschmack. Der neidische Wunsch, mehr zu gefallen als die andern, führt zum Schmuck, und der Wunsch, mehr zu gefallen als man selbst (d.h. als man gefallen würde, wenn man auf seine eigenen Vorteile und seinen eigenen Geschmack angewiesen wäre), schafft die Moden. Die Moden sind eine wichtige Sache. Dadurch, dass man sich den Sinn mit nichtigen Dingen füllt, vermehrt man fortwährend die Gewerbszweige.

9. Von der Eitelkeit und dem Dünkel der Völker

Die Eitelkeit als Triebfeder zu benützen, ist so empfehlenswert für eine Regierung wie die Ausnützung des Dünkels gefährlich. Man braucht sich auf der einen Seite nur die zahllosen segensreichen Wirkungen der Eitelkeit vorzustellen: aus ihr die Prachtliebe, der Gewerbefleiß, die Künste, die Moden, die Höflichkeit, der Geschmack; und auf der anderen alle die Übel, die aus dem Dünkel gewisser Völker entstehen: Trägheit, Armut, Nachlässigkeit in allem, Zerstörung der durch den Zufall in ihre Hand gegebenen Völker und ihrer selbst. Trägheit ist eine Folge des Dünkels, Arbeitslust eine Folge der Eitelkeit. Der Dünkel eines Spaniers hält ihn von der Arbeit zurück, die Eitelkeit eines Franzosen wird ihn dazu drängen, besser zu arbeiten als andere.

Jedes träge Volk ist würdevoll, denn die da nicht arbeiten, betrachten sich als Herren derer, die arbeiten.

Man beobachte alle Völker, und man wird sehen, dass meistenteils würdevoller Ernst, Dünkel und Trägheit sich beisammenfinden.

14. Welches sind die natürlichen Mittel, um Sitten und Gebräuche eines Volkes zu verändern?

Wir haben gesagt, dass die Gesetze besondere und fest umschriebene Einsetzungen des Gesetzgebers sind, die Sitten und Gebräuche Einsetzungen des Volkes im Ganzen. Daraus folgt, dass, wenn man Sitten und Gewohnheiten ändern will, man sie nicht durch die Gesetze ändern muss: Das würde zu tyrannisch erscheinen. Es ist besser, sie durch andere Sitten und Gebräuche zu beeinflussen.

Das Gesetz, das die Russen zwang, Bart und Kleider kurz zu tragen, und die Bestimmung Peters I., die denen, die in die Städte kamen, die Kleider bis zu den Knien abzuschneiden befahl, waren tyrannisch. Es gibt Mittel, um die Verbrechen zu hindern, das sind die Strafen; es gibt andere, um Gebräuche zu ändern, das sind die Beispiele.

Die Leichtigkeit und Schnelligkeit, mit der dies Volk sich den neuen Verordnungen fügte, hat deutlich gezeigt, dass Peter I. eine zu schlechte Meinung von ihm hatte und dass es nicht, wie er sagte, aus Tieren bestand. Die gewalttätigen Mittel, die er anwandte, waren unnütz. Er wäre geradeso gut durch Milde zum Ziel gekommen.

Er erfuhr es selbst, wie leicht diese Änderungen waren. Die Frauen wurden bis dahin eingeschlossen gehalten und waren gewissermaßen Sklavinnen. Er rief sie an den Hof und ließ sie deutsche Kleidung tragen, er schickte ihnen passende Stoffe. Dies Geschlecht fand sofort Geschmack an einer Lebensweise, die seinen Neigungen entsprach, seiner Eitelkeit, seinen Leidenschaften, und machte sie auch den Männern schmackhaft.

Was die Veränderungen leicht machte, war der Umstand, dass die damaligen Sitten nicht dem Klima angemessen waren, vielmehr durch die Mischung der Völker und Eroberungen dorthin gebracht worden waren. Da nun Peter I. europäische Sitten und Gewohnheiten einem europäischen Volk brachte, fand er Erleichterungen, die er selbst nicht erwartet hatte. Die Macht des Klimas ist die größte aller Mächte.

Er bedurfte keiner Gesetze, um Sitten und Gewohnheiten seines Volkes zu ändern, es hätte genügt, ihm andere Sitten und Gewohnheiten einzuflößen.

Im Allgemeinen hängen Völker sehr an ihren Gebräuchen. Sie ihnen gewaltsam entreißen heißt sie unglücklich machen. Man muss sie also nicht abändern wollen, sondern die Völker dahin bringen, dass sie sie selbst ändern.

Jede Strafe, die nicht aus der Notwendigkeit herfließt, ist tyrannisch. Das Gesetz ist nicht bloß ein Akt der Macht. Dinge, die ihrer Natur nach gleichgültig sind, fallen nicht in seinen Bereich.

16. Wie einige Gesetzgeber die Grundsätze verwechselt haben, welche die Menschen regieren

Sitten und Gewohnheiten sind Gebräuche, welche die Gesetze nicht geschaffen haben oder nicht haben schaffen können oder wollen.

Zwischen Gesetzen und Sitten besteht dieser Unterschied, dass die Gesetze mehr die Handlungen des Bürgers regeln, die Sitten mehr die Handlungen des Menschen. Zwischen Sitten und Gewohnheiten besteht dieser Unterschied, dass die Ersteren mehr die innere, die Letzteren mehr die äußere Lebensführung angehen.

Manchmal verwischen sich in einem Staat diese Unterschiede. Lykurg gab ein und dasselbe Gesetzbuch für Gesetze, Sitten und Gebräuche. Dasselbe taten die chinesischen Gesetzgeber.

27. Wie die Gesetze dazu beitragen können, die Sitten, die Gewohnheiten und den Charakter eines Volkes zu bilden

Ich habe im 6. Kapitel des 11. Buches von einem freien Volk gesprochen (gemeint war und ist im Folgenden England). Ich habe die Grundsätze seiner Verfassung gegeben. Betrachten wir jetzt die Wirkungen, die daraus haben folgen müssen, den Charakter, der sich daraus hat bilden können, und die Gewohnheiten, die daraus entspringen.

Ich meine nicht etwa, dass nicht das Klima zum großen Teil die Gesetze, Sitten und Gewohnheiten dieses Volkes hervorgebracht hat, sondern ich meine, dass Sitten und Gewohnheiten desselben in enger Beziehung zu seinen Gesetzen stehen.

Wenn dieses Volk eine Insel bewohnte, würde es keine erobernde Nation sein, weil fernab liegende Eroberungen es schwächen würden. Es würde noch weniger das sein, wenn der Boden dieser Insel fruchtbar wäre, weil es dann den Krieg nicht brauchte, um sich zu bereichern.

In ihm würde man die Soldaten als Leute ansehen, deren Gewerbe nützlich, doch oft auch gefährlich sein kann, als Leute, deren Dienste für das Volk recht drückend sind, und die bürgerlichen Tugenden würden dort höher geschätzt sein.

Diese Nation, die der Frieden und die Freiheit in Wohlstand versetzen würden, befreit von den Vorurteilen der kriegerischen Eroberer, würde geneigt sein, ein Handelsvolk zu werden. (Ihre Landesprodukte, damals Wolle und Leinen, würden zu einem großen gewerblichen Aufschwung Anlass geben.)

Ein Handel treibendes Volk hat eine Unmasse kleiner Sonderinteressen. Es kann also auf eine Anzahl verschiedener Weisen anstoßen und selbst behelligt werden. Dies würde in übertriebener Weise eifersüchtig werden und sich mehr über anderer Völker Wohlstand ärgern als seinen eigenen genießen. Und seine Gesetze, im Übrigen sanft und leicht, könnten hinsichtlich der Schifffahrt und des Handels so streng sein, dass es den Eindruck machte, als wenn es nur mit seinen Todfeinden Handel triebe.

Wenn dieses Volk Kolonien ausschickte, würde das mehr geschehen, um seinen Handel, denn um seine Herrschaft auszudehnen.

Da man seine heimischen Einrichtungen auch anderswohin zu übertragen liebt, würde es seinen Kolonien die heimische Verfassung geben, und da diese Verfassung den Wohlstand mit sich bringt, würde man große Staaten entstehen sehen selbst in den Wäldern, die es besiedelte. (Zu dieser Voraussagung der einstigen Größe Amerikas vergleiche man die Voraussagung seiner Lostrennung, die sich in Montesquieus »Bemerkungen über England« findet: »Ich glaube, dass, wenn ein Volk von seinen Kolonien verlassen wird, das mit dem englischen anfangen wird.«)

Dies Volk, das eine große Insel bewohnte und einen ausgedehnten Handel besäße, würde sich unschwer eine große Seemacht halten können, und da die Rücksicht auf seine innere Freiheit ihm weder Festungen noch ein Landheer gestattete, würde es dieser Seemacht zum Schutz gegen Einfälle bedürfen, und seine Seemacht würde der aller anderen Mächte überlegen sein, da diese ihr Geld für die Landheere aufbrauchen.

Die Herrschaft über das Meer hat den Völkern, die sie besaßen, immer einen natürlichen Stolz gegeben, weil sie sich befähigt fühlen, überall einzugreifen und überzugreifen, und glauben, dass ihre Macht ebenso wenig Grenzen hat wie das Weltmeer.

Man würde die Menschen dort kaum nach nichtigen Talenten oder Eigenschaften schätzen, sondern nur nach wirklichen, und deren gibt es nur zwei: Reichtum und persönliches Verdienst.

Dort würde ein solider und wohlbegründeter Luxus bestehen, nicht zu verfeinerter Befriedigung der Eitelkeit, sondern der realen Bedürfnisse.

Buch 23

Die Gesetze in ihrer Beziehung zur Einwohnerzahl

(Es wird von der Ehe gesprochen, diese aber natürlich nur von ihrer rein rechtlichen Seite, nicht von der sittlichen betrachtet. Herausgehoben sei die Schilderung der jungen Mädchen, die nur auf die französischen des 18. Jahrhunderts Rücksicht nimmt, auch heute noch aber in vielen Zügen auf die französischen Verhältnisse passt.)

Die jungen Mädchen, denen man nur durch die Verheiratung den Weg zu den Vergnügungen und zur Freiheit öffnet, die einen Verstand haben, der nicht zu denken wagt, und ein Herz, das nicht zu fühlen wagt, Augen, die nicht zu sehen, und Ohren, die nicht zu hören wagen, die sich nur blicken lassen, um sich stumpfsinnig zu zeigen, die unaufhörlich zu Kleinlichkeiten und Beobachtung von Vorschriften verurteilt sind, haben eine hinreichende Neigung zu heiraten: Die jungen Männer dagegen muss man ermutigen.

Buch 24

Die Gesetze in ihrer Beziehung zu der in jedem Land bestehenden Religion, sowohl ihren äußeren Kultformen als ihrem inneren Wesen nach

1. Von den Religionen im Allgemeinen

Wie man aus den Finsternissen die weniger dichten, aus den Abgründen die weniger tiefen ausscheiden kann, so kann man auch unter den irrigen Religionen die heraussuchen, die dem allgemeinen Wohl der menschlichen Gesellschaft am meisten entsprechen, die Religionen, die, wenn sie auch nicht imstande sind, die Menschen zu der Glückseligkeit des ewigen Lebens zu führen, doch am meisten zu dem Glück des irdischen beitragen.

Ich werde also die verschiedenen Religionen der Welt nur insofern einer Prüfung unterziehen, als man aus ihnen im bürgerlichen Leben Gutes schöpfen kann, sei es nun, dass ich von der spreche, die ihre Quelle im Himmel hat, oder von denen, die auf der Erde wurzeln.

Da ich in diesem Werk nicht als Theologe, sondern als Politiker auftrete, könnten sich wohl Dinge darin finden, die nur von einem menschlichen Gesichtspunkt aus betrachtet ganz wahr sind, indem ich sie gar nicht an den erhabenen Wahrheiten gemessen habe.

Hinsichtlich der wahren Religion braucht es nur geringer Billigkeit, um mir zu bestätigen, dass ich niemals ihre Forderungen habe hinter die politischen zurücktreten lassen, sondern sie nur habe vereinigen wollen. Um sie aber zu vereinen, muss man sie kennen.

Die christliche Religion, die den Menschen befiehlt, einander zu lieben, will ohne Zweifel, dass jedes Volk die besten bürgerlichen Gesetze habe, weil sie, abgesehen von der Religion, das höchste Gut sind, das die Menschen geben und empfangen können.

2. Ein Paradox von Bayle

Bayle hat den Beweis unternommen, es sei besser, gottlos als Götzendiener zu sein, d.h. in anderen Ausdrücken, dass es weniger gefährlich ist, gar keine Religion zu haben als eine falsche. »Ich würde es vorziehen«, sagte er, »dass man von mir sagte, ich existierte gar nicht, als dass man sagte, ich sei ein schlechter Mensch.« Aber das ist nur ein Sophismus, der darin beruht, dass es für die Menschheit von keinem Nutzen ist, ob man glaubt, dass ein gewisser Mensch vorhanden ist, während es sehr nützlich ist, dass man an Gottes Dasein glaubt. Aus der Vorstellung, dass er nicht vorhanden sei, folgt die Vorstellung unserer Unabhängigkeit, oder wenn wir diese Vorstellung nicht haben können, die unserer Auflehnung. Behaupten, die Religion sei nicht eine einschränkende Macht, weil sie nicht immer einschränkt, heißt behaupten, dass die bürgerlichen Gesetze auch keine einschränkende Macht sind. Das heißt ein schlechtes Vorgehen gegen die Religion, wenn man in einem großen Buch eine lange Aufzählung all der Übel bringt, die sie hervorgebracht hat, nicht aber auch ihre guten Wirkungen anführt. Wollte ich alle Leiden erzählen, welche die Gesetze und die verschiedenen Regierungsformen in der Welt hervorgerufen haben, so müsste ich schreckliche Dinge erzählen. Wenn es überflüssig wäre, dass die Untertanen eine Religion hätten, so wäre das nicht überflüssig, dass die Fürsten eine Religion hätten und in den einzigen Zügel schäumten (so wörtlich), den die haben können, die über den menschlichen Gesetzen stehen.

Ein Fürst, der die Religion liebt und fürchtet, ist ein Löwe, welcher der Hand folgt, die ihn streichelt, oder der Stimme, die ihm freundlich zuredet. Ein Fürst, der die Religion fürchtet und hasst, gleicht einem wilden Tier, das in die Kette beißt, die es hindert, sich auf die Vorübergehenden zu stürzen. Ein Fürst, der gar keine Religion hat, ist jenes schreckliche Ungeheuer, das seine Freiheit nur fühlt, wenn es zerreißt und verschlingt.

Die Frage ist nicht, ob es besser wäre, dass ein bestimmter Mensch oder ein bestimmtes Volk gar keine Religion hätte, als dass es die missbraucht, die es hat, sondern was das geringere Übel ist, dass man manchmal die Religion missbraucht oder dass es gar keine auf Erden gebe.

Um die Gräuel des Atheismus zu mindern, übertreibt man die des Götzendienstes. Es ist nicht wahr, dass, wenn die Alten einem Laster einen Altar errichteten, das hieß, dass sie dies Laster liebten. Das hieß im Gegenteil, dass sie es hassten. Wenn die Lakedämonier der Furcht einen Tempel errichteten, bedeutete das doch nicht, dass dies kriegerische Volk die Furcht bat, sich im Kampf ihrer Herzen zu bemächtigen. Es gab Gottheiten, die man bat, das Verbrechen nicht einzuflößen, und andere, die man bat, es abzuwenden.

3. Zum Christentum passt eine gemäßigte, zum Islam eine despotische Regierung.

Die christliche Religion steht dem reinen Despotismus fern. Denn da die Sanftmut im Evangelium so empfohlen ist, widerspricht sie dem despotischen Zorn, mit dem der Fürst sich Recht verschaffen und seine Grausamkeiten ausführen würde.

Da diese Religion die Vielweiberei verbietet, sind in ihr die Fürsten weniger abgeschlossen, weniger getrennt von ihren Untertanen und folglich mehr Mensch. Sie sind geneigter, sich gesetzliche Einschränkung aufzuerlegen, und fähiger zu fühlen, dass sie nicht alles können.

Während die mohammedanischen Fürsten unaufhörlich die Todesstrafe verhängen, aber auch oft genug selbst eines gewaltsamen Todes sterben, nimmt bei den Christen die Religion ihnen die Befürchtung eines solchen gewaltsamen Todes und macht sie so auch weniger zur Grausamkeit geneigt. Der Fürst verlässt sich auf seine Untertanen und sie auf ihn. Wunderbar! Die christliche Religion, die nur auf die Seligkeit im Jenseits hinzuzielen scheint, macht auch schon im Diesseits unser Glück.

Dies Christentum ist es, das trotz der Größe des Reiches und des bedenklichen Einflusses des Klimas in Äthiopien das Aufkommen des Despotismus verhindert und europäische Sitten und Gesetze in das Herz von Afrika getragen hat.

Der Thronfolger von Äthiopien besitzt ein Fürstentum und gibt den anderen Untertanen das Beispiel der

Liebe und des Gehorsams. Dicht daneben in Nubien werden unter dem Einfluss des Islams die Kinder des Königs eingesperrt und nach seinem Tod zugunsten dessen erwürgt, der den Thron besteigt.

Man stelle sich nur einerseits die unaufhörlichen Hinmordungen der griechischen und römischen Könige und Führer vor Augen, andererseits die Verheerungen, die Timur Tamerlan und Dschingis Khan unter Asiens Städten und Völkern bei ihren Eroberungen angerichtet haben, dann wird man einsehen, was wir dem Christentum verdanken: in der Regierung ein sicheres bürgerliches Recht, im Krieg ein sicheres Völkerrecht, das die menschliche Natur nicht genug anerkennen kann.

Jenes Völkerrecht bewirkt bei uns, dass der Sieg den besiegten Völkern doch diese großen Dinge lässt: das Leben, die Freiheit, die Gesetze, den Besitz und immer die Religion, wenn nicht eine ganz außerordentliche Verblendung den Sieger beherrscht.

4. Folgen des Charakters des Christentums und des Islams

Aufgrund des Charakters des Christentums und des Islams muss man ohne Weiteres jenes annehmen, diesen verwerfen. Denn es ist uns viel einleuchtender, dass eine Religion die Sitten der Menschen sänftigen muss, als es uns einleuchtet, ob eine Religion wahr ist.

Es ist ein Unglück für die menschliche Natur, wenn die Religion von einem Eroberer gebracht wird. Der Islam, der nur vom Schwert redet, wirkt noch auf die Menschheit mit diesem Zerstörungsgeist, der ihn begründet hat.

5. Die katholische Religion passt mehr für eine Monarchie, die protestantische mehr für eine Republik.

Wenn eine Religion sich in einem Staat bildet, folgt sie gewöhnlich der Form der Regierung, unter der sie sich niederlässt. Denn die Menschen, die sie aufnehmen, und die, welche sie ausbreiten, haben kaum andere politische Anschauungen als die ihres Heimatsstaates.

Als die christliche Religion vor zwei Jahrhunderten die unselige Spaltung erlitt, die sie in Katholizismus und Protestantismus schied, nahmen die nördlichen Völker den Protestantismus an, die südlichen behielten den Katholizismus.

Das kommt daher, weil die nördlichen Völker immer einen größeren Trieb nach Unabhängigkeit und Freiheit hatten und haben werden als die südlichen und so eine Religion, die kein sichtbares Haupt hat, besser zu dem in der Lage des Landes begründeten Unabhängigkeitstrieb passt.

Selbst in den Ländern, wo der Protestantismus festen Fuß fasste, passte er sich der besonderen Regierungsform an. Luther, der die großen Fürsten für sich hatte, würde ihnen kaum eine kirchliche Autorität haben annehmbar machen können, die keine äußeren Machtzeichen besessen hätte, und Calvin, der republikanisch organisierte Völker vor sich hatte oder eine zurückgesetzte Bürgerklasse in Monarchien, konnte sehr wohl auf Vorrang und Würden verzichten.

Jede dieser Religionen konnte sich für die vollkommenste halten. Die Calvinisten glaubten, sich genauer nach dem zu richten, was Christus gesagt hatte, die Lutherischen nach dem, was die Apostel getan hatten.

6. Weiteres Paradox von Bayle

Nachdem Bayle alle Religionen im Ganzen beschimpft hat, setzt er die christliche im Besonderen herab. Er wagt zu behaupten, dass wahre Christen keinen Staat bilden könnten, der Bestand habe. Warum nicht? Sie würden doch Bürger sein, die über ihre Pflichten außerordentlich aufgeklärt wären und die einen großen Eifer haben würden, sie zu erfüllen. Sie würden auch sehr gut das Recht der natürlichen Selbstverteidigung fühlen. Je mehr sie sich ihrer Religion gegenüber für verpflichtet hielten, umso mehr würden sie auch ihrem Vaterland zu schulden meinen. Wenn die Grundsätze des Christentums fest in ihr Herz geschrieben wären, würden diese unendlich viel segensreicher wirken als der falsche Ehrbegriff, auf den die Monarchien begründet sind, die rein irdischen Tugenden der Republiken und die knechtische Furcht der despotisch regierten Staaten.

Es ist erstaunlich, dass der große Mann die Anordnungen für die Einrichtungen des Christentums nicht von dem Christentum selbst hat unterscheiden können und dass man ihm den Vorwurf machen darf, den Geist seiner eigenen Religion verkannt zu haben. Wenn der Gesetzgeber, statt Gesetze zu geben, Ratschläge erteilt, so hat er eben eingesehen, dass seine Ratschläge, wenn sie wie Gesetze gegeben würden, dem Geist seiner Gesetze widersprechen würden.

7. Die Gesetze der Vervollkommnung in der Religion

Die menschlichen Gesetze, die sich an den Verstand wenden, müssen Vorschriften, keine Ratschläge geben. Die Religion, die sich ans Herz wendet, muss viel Ratschläge und wenig Vorschriften geben.

Wenn sie z. B. Regeln nicht für das Gute, sondern für das Beste gibt, nicht für das, was gut ist, sondern für das, was vollkommen ist, so ist es zweckentsprechend, wenn sie Ratschläge gibt, nicht Gesetze. Denn die Forderung der Vollkommenheit berücksichtigt nicht den Durchschnitt der Menschen noch der Dinge. Außerdem, wenn es Gesetze sein sollten, bedürfte es einer Unzahl Ergänzungsbestimmungen, um die Befolgung der Grundgesetze zu erlangen. Die Ehelosigkeit war ein Rat des Christentums. Als man daraus für einen gewissen Stand ein Gesetz machte, bedurfte es fortwährend neuer Gesetze, um die Menschen zu seiner Beobachtung zu zwingen. Der Gesetzgeber quälte sich und quälte die Menschheit, um die Menschen als eine Vorschrift befolgen zu lassen, was die, welche die Vollkommenheit lieben, als einen Rat befolgt haben würden.

8. Übereinstimmung der Sittengesetze mit den religiösen

In einem Land, wo man zum Unglück eine von Gott nicht eingesetzte Religion hat, ist es immer nötig, dass sie sich mit der Sittlichkeit verständigt, weil die Religion, selbst wenn sie falsch ist, die beste Bürgschaft gewährt, die Menschen für die Rechtschaffenheit der Menschen haben können.

Die Hauptpunkte der Religion in Pegu (Hinterindien) sind: nicht zu töten, nicht zu stehlen, die Schamlosigkeit zu vermeiden, seinen Nächsten nicht zu kränken, sondern ihm im Gegenteil alles Mögliche Gute zu tun. Damit glauben die Bewohner durchzukommen, welcher Religion man auch angehört. Daher kommt es, dass diese Völker, wenn auch stolz und arm, Sanftmut und Mitleid mit den Unglücklichen haben.

9. Von den Essäern

Die Essäer legten das Gelübde ab, gegen die Menschen gerecht zu sein, niemandem Übles zu tun, selbst nicht um zu gehorchen, die Ungerechten zu hassen, sein Wort jedem zu halten, mit Bescheidenheit zu befehlen, immer die Wahrheit zu verteidigen, jeden ungesetzlichen Gewinn zu fliehen.

10. Von den Stoikern

Die verschiedenen philosophischen Sekten bei den Alten können wie Religionen betrachtet werden. Es hat nie eine Sekte gegeben, deren Grundsätze menschenwürdiger gewesen wären noch geeigneter, gute Menschen zu bilden, als die Sekte der Stoiker. Und wenn ich mich für einen Augenblick von der Vorstellung losmachen könnte, dass ich Christ bin, würde ich nicht umhinkönnen, die Zerstörung der Sekte des Zeno auf die Liste der großen Unglücke des Menschengeschlechts zu setzen.

Sie übertrieb nur Dinge, in denen Größe liegt: die Verachtung der Genüsse und des Schmerzes.

Sie allein konnte Bürger bilden, sie allein bildete große Männer, sie allein bildete die großen Kaiser.

Man sehe einmal für einen Augenblick von den offenbarten Wahrheiten ab und schaue sich dann einmal in der ganzen Welt um, so wird man nichts Größeres finden als die Antonine. Julianus sogar, Julianus der Abtrünnige – ein sich mir so entwindendes Urteil kann mich nicht zum Mitschuldigen seines Abfalls machen! –, nein, es hat nach ihm keinen Fürsten gegeben, der würdiger gewesen wäre zu herrschen.

Während die Stoiker Reichtümer, menschliche Größe, Schmerz, Kummer, Genuss als eitle Dinge betrachteten, waren sie auf nichts gerichtet, als an dem Glück der Menschen zu arbeiten, die Pflichten der Gemeinschaft zu erfüllen. Es schien, als wenn sie den geheiligten Geist, den sie in sich selbst zu tragen meinten, wie eine Art gütige Vorsehung betrachteten, die über das Menschengeschlecht wachte.

Geboren für die Gemeinschaft, glaubten sie alle, dass es ihre Bestimmung sei, für sie zu arbeiten, und fielen ihr umso weniger zur Last, als ihre ganze Belohnung eine rein innerliche war, als sie, glücklich allein durch ihre Philosophie, nur noch durch anderer Glück das ihre steigern zu können meinten.

11. Von der Beschaulichkeit

Da die Menschen geschaffen sind, um sich zu erhalten, sich zu nähren, sich zu kleiden, alle Pflichten der Gemeinschaft zu erfüllen, darf ihnen die Religion kein zu beschauliches Leben bereiten.

Die Mohammedaner werden beschaulich aus Gewöhnung. Sie beten fünfmal am Tag, und jedes Mal müssen sie einen Akt ausführen, durch den sie alles, was dieser Welt angehört, hinter sich werfen. Das erzieht sie zur Beschaulichkeit. Dazu kommt noch die Gleichgültigkeit, die ihnen das Dogma von der Unabwendbarkeit des Geschicks gibt.

Wenn obendrein noch andere Gründe mitwirken, ihnen Loslösung vom Irdischen einzuflößen, wenn die Karte der Regierung oder die Gesetze über den irdischen Besitz ihnen das Gefühl der Abhängigkeit von anderer Gnade geben, dann ist alles verloren.

Die Religion des Zoroaster machte ehemals das Perserreich zu einem blühenden, sie glich die üblen Folgen des Despotismus aus. Der Islam zerstört heute ebendieses selbige Reich.

12. Von den Bußen

Es ist gut, dass die Bußen mit der Vorstellung der Arbeit verknüpft seien, nicht mit der Vorstellung der Untätigkeit; mit der des Guten, nicht mit der des Außergewöhnlichen; mit der der Mäßigkeit, nicht der des Geizes.

13. Von den unsühnbaren Verbrechen

Nach einer von Cicero aufbewahrten Stelle der Pontifikalbücher scheint es, dass es bei den Römern unsühnbare Verbrechen gab. Darauf begründet Zosimus die Erzählung, welche die Beweggründe von der Bekehrung Konstantins so entstellen, und Julian jenen bitteren Scherz, den er in seiner Schrift über die Cäsaren über ebendiese Bekehrung macht.

Die heidnische Religion, die nur einige grobe Sünden verbot, die die Hand fesselte, aber die Gesinnung frei ließ, konnte unsühnbare Verbrechen haben. Aber eine Religion, die alle Leidenschaften unter ihre Aufsicht nimmt, die nicht minder eifersüchtig auf Wünsche und Gedanken wie auf Handlungen ist, die uns nicht durch einige wenige Ketten, sondern durch unzählige Fäden gefesselt hält, die alle menschliche Gerichtsbarkeit unter sich lässt und eine neue aufstellt, die geschaffen ist, um unaufhörlich von der Reue zur Liebe und von der Liebe zur Reue zu führen, die zwischen Richter und Sünder einen großen Mittler stellt, zwischen den Gerechten und den Mittler einen großen Richter, eine solche Religion darf nicht unsühnbare Verbrechen kennen. Aber ob sie gleich allen Befürchtungen und Hoffnungen gibt, lässt sie doch durchfühlen, dass es, wenn es auch keine ihrer Natur nach unsühnbaren Verbrechen gibt, ein ganzes Leben wohl unsühnbar sein kann; dass es sehr gefährlich wäre, die göttliche Barmherzigkeit durch immer neue Sünden und neue Sühnen in Anspruch zu nehmen; dass wir, unruhig über unsere alten Schulden und dem Herrn gegenüber niemals quitt, uns scheuen müssen, neue zu machen, das Maß zu häufen und bis zu der Grenze zu gehen, wo die väterliche Güte ein Ende hat.

14. Wie religiöse und bürgerliche Gesetze einander ergänzen

Da Religion und bürgerliche Gesetzgebung hauptsächlich danach streben müssen, die Menschen zu guten Bürgern zu machen, sieht man, dass, falls eine von beiden sich von diesem Ziel entfernen sollte, die andere ihm umso eifriger nachstreben muss. Je geringer der Zwang ist, den die Religion ausübt, umso stärker muss der gesetzliche sein.

Wenn die Religion das Dogma aufstellt, dass die Handlungen der Menschen unabänderlich vorausbestimmt seien, so müssen die gesetzlichen Strafen strenger und die Beaufsichtigung sorgfältiger sein, damit die Menschen, die sich sonst gehen lassen würden, durch diese Rücksichten geleitet werden. Stellt aber die Religion das Dogma der sittlichen Freiheit auf, ist es etwas ganz anderes.

Aus der Trägheit der Seele wird das mohammedanische Dogma von der Vorausbestimmtheit des Schicksals geboren, und aus diesem Dogma wiederum entsteht Trägheit der Seele. Man sagt sich: Das liegt so im Willen Gottes, also muss man stillhalten. In einem solchen Fall müssen die Gesetze die Menschen wecken, die in der Religion einschlafen.

Wenn die Religion Dinge ausdrücklich verbietet, welche die bürgerlichen Gesetze zulassen müssen, ist es gefährlich, wenn die Gesetze ihrerseits Dinge ausdrücklich erlauben, welche die Religion verdammen muss. Eins von beiden zeigt immer einen Mangel von Übereinstimmung und Richtigkeit in den Vorstellungen, der sich auf das andere überträgt.

So hielten es die Tataren Dschingis Khans für eine Sünde, ja für ein todwürdiges Verbrechen, das Messer ins Feuer zu stecken, sich an eine Peitsche zu lehnen, ein Pferd mit seinem Zügel zu schlagen, einen Knochen mit einem andern aufzubrechen, aber sie hielten es für keine Sünde, seine Treue zu brechen, fremdes Gut zu rauben, einem Menschen Unrecht zu tun oder ihn gar zu töten. Kurz, Gesetze, die Unwesentliches als notwendig hinstellen, haben die schlechte Wirkung, dass sie als unwesentlich erscheinen lassen, was notwendig ist.

Die Bewohner von Formosa glauben an eine Art Hölle. Aber sie ist für die vorhanden, die zu gewissen Jahreszeiten nicht nackend gegangen sind, Leinwand statt Seide getragen haben, Austern gefischt und gehandelt haben, ohne den Vogelgesang zu befragen. Dafür betrachten sie denn auch Trunksucht und Ehebruch nicht als Sünde. Sie glauben sogar, dass die Ausschweifungen ihrer Kinder den Göttern wohlgefällig seien.

Wenn die Religion für eine nebensächliche und äußerliche Sache die Seligkeit verheißt, verdirbt sie sich damit die mächtigste Triebfeder, die es auf Erden gibt. Man glaubt bei den Indern, dass die Wasser des Ganges eine heiligende Kraft haben. Wer an seinen Ufern stirbt, ist, so meint man, von allen Strafen im Jenseits befreit und kommt an einen Ort voller Freuden. Von weit her schickt man Urnen mit Totenasche, um sie in den Ganges zu streuen. Was kommt darauf an, ob man tugendhaft gelebt hat oder nicht? Man lässt sich eben in den Ganges werfen!

Die Vorstellung eines Ortes der Belohnung nach dem Tod bringt notwendig die Vorstellung eines Aufenthalts der Strafen mit sich, und wenn man die eine hofft, ohne die andere zu fürchten, so verlieren die bürgerlichen Gesetze ihre Kraft. Menschen, die der Belohnungen im Jenseits sicher zu sein vermeinen, entschlüpfen dem Gesetzgeber: Sie werden für den Tod zu viel Geringschätzung haben. Welches Mittel gibt es wohl, um einen Menschen in Schrecken zu halten, der da meint, sicher zu sein, dass die höchste Strafe, die der Staat verhängen kann, in einem Altgenblick vorüber sein wird, um sein Glück beginnen zu lassen?

16. Wie die Gesetze der Religion die Mängel der staatlichen Verfassung ausgleichen

Andererseits kann die Religion den Staat stützen, wenn seine Gesetze sich ohnmächtig finden.

So wird, wenn der Staat oft von Bürgerkriegen heimgesucht ist, die Religion viel leisten, wenn sie einem Teil des Staates andauernden Frieden sichert. Bei den Griechen erfreuten sich die Eleier als Priester Apollos eines ewigen Friedens. In Japan lässt man stets die Stadt Kioto in Frieden, die eine heilige Stadt ist. Die Religion hält diese Anordnung aufrecht, und dies Reich, das ganz abgeschlossen von der übrigen Erde zu sein scheint, das bei den Fremden keine Hilfsquellen hat noch haben will, besitzt in seinem Schoß ständig einen Handel, den der Krieg nicht vernichtet.

In den Staaten, wo Kriege nicht auf gemeinsamen Beschluss geführt werden und wo die Gesetze kein Mittel gewähren, um sie zu hindern oder zu enden, bestimmt die Religion Friedenszeiten oder Waffenstillstand, damit das Volk die Dinge tun kann, ohne die der Staat nicht bestehen könnte, wie die Aussaat und Ähnliches.

Vier Monate lang ruhte jedes Jahr bei den arabischen Stämmen jede Feindseligkeit, die geringste Störung wäre eine Gottlosigkeit gewesen. Als in Frankreich jeder Baron Krieg oder Frieden nach eigenem Gutdünken machte, schuf die Religion den Gottesfrieden, der zu gewissen Jahreszeiten eintrat.

17. Fortsetzung

Wenn in einem Staat dem Hass viel Nahrung geboten ist, muss die Religion viele Mittel zur Versöhnung bieten. (So muss Blutrache durch Geld abgelöst werden können.)

19. Es ist weniger die Richtigkeit oder die Falschheit eines Dogmas, die es im bürgerlichen Leben für die Menschen nützlich oder schädlich macht, als vielmehr der Gebrauch oder der Missbrauch, den man damit treibt.

Die wahrsten und heiligsten Dogmen können sehr schlimme Folgen haben, wenn man sie nicht mit den Lebensbedingungen der Gemeinschaft verknüpft; und im Gegensatz dazu können die falschesten Dogmen bewundernswerte Folgen haben, wenn man sie mit ebenjenen Bedingungen in Einklang zu setzen weiß.

(So hatte das Leugnen der Unsterblichkeit durch Konfuzius und Zeno gute, die Anerkennung derselben durch Laotse und Buddha die übelsten Folgen, wie die Witwenverbrennung u. a.)

Diese Gebräuche fließen weniger unmittelbar aus dem Dogma von der Unsterblichkeit als aus dem von der Auferstehung des Fleisches. Aus ihm hat man die Folgerung gezogen, dass dasselbe Individuum nach dem Tod auch dieselben Bedürfnisse, dieselben Empfindungen, dieselben Leidenschaften haben müsse. In dieser Hinsicht spricht das Dogma von der Unsterblichkeit der Seele die Menschen wunderbar an, weil die Vorstellung von einem einfachen Wechsel des Wohnortes leichter zu fassen ist und unserem Verstand und unserem Gemüt mehr zusagt als die Vorstellung einer völligen Umwandlung.

Es genügt nicht, dass eine Religion ein Dogma aufstellt, sie muss auch seine Wirkung überwachen. Das hat das Christentum hinsichtlich der besprochenen Dogmen in bewundernswerter Weise getan. Es lässt uns einen Zustand hoffen, den wir glauben, und nicht etwa einen Zustand, den wir empfinden oder kennen. Alles, sogar die Auferstehung des Fleisches nach christlicher Auffassung, führt zu geistigen Vorstellungen.

20. Fortsetzung

Die heiligen Bücher der alten Perser sagten: »Willst Du selig werden, so unterweise Deine Kinder, weil alle ihre guten Taten Dir angerechnet werden sollen.« Sie rieten, frühzeitig zu heiraten, weil die Kinder am Jüngsten Tag gleichsam eine Brücke sein werden und die, welche keine hätten, nicht hinüberkommen würden. Diese Dogmen waren falsch, aber sehr nützlich.

21. Von der Seelenwanderung

Das Dogma von der Unsterblichkeit der Seele teilt sich in drei Zweige: das Dogma der reinen Unsterblichkeit, das des einfachen Aufenthaltswechsels und das der Seelenwanderung, d.h. die Lehre der Christen, der Skythen, der Inder. Von den beiden ersten habe ich gesprochen. Vom dritten will ich sagen, dass es, da es bald gut, bald schlecht angewendet wurde, in Indien gute und schlechte Wirkungen geübt hat. Da es den Menschen ein gewisses Grauen vor Blutvergießen einflößt, gibt es in Indien wenig Morde, und obschon man dort die Todesstrafe kaum kennt, ist die persönliche Sicherheit dort groß.

Andrerseits verbrennen sich dort die Frauen beim Tod ihres Mannes; nur die reinen Gewissens sind, erleiden den gewaltsamen Tod.

22. Wie gefährlich es ist, wenn die Religion Abscheu gegen gleichgültige Dinge einflößt

Ein gewisser Ehrbegriff, den religiöse Vorurteile in Indien erzeugen, bewirkt, dass einige Kasten gegeneinander Abscheu hegen. Dieser Ehrbegriff ist einzig auf religiöse Anschauungen begründet. Diese Familienunterscheidungen haben keine rechtliche Bedeutung. Es gibt Inder, die sich für entehrt halten würden, wenn sie mit ihrem König an einem Tisch essen müssten.

Diese Arten Unterscheidungen sind an eine gewisse Abneigung gegen andere Menschen geknüpft, die gar sehr anders ist als die Empfindung, welche die Rangunterschiede entstehen lassen dürfen, da sie bei Christen immer Liebe zu den Niedrigerstehenden enthält.

Die Gesetze der Religion sollen es vermeiden, eine andere Verachtung als die des Lasters einzuflößen, und besonders den Menschen der Liebe und dem Mitleid für seinesgleichen zu entfremden.

Die mohammedanische und die indische Religion umfassen jede eine große Zahl von Völkern. Die Inder hassen die Mohammedaner, weil sie Rindfleisch essen, die Mohammedaner die Inder, weil sie Schweinefleisch essen.

23. Von den Festtagen

Wenn eine Religion Arbeitsruhe anordnet, muss sie dabei mehr auf die Bedürfnisse der Menschen als auf die Größe des Wesens, das sie ehren will, Rücksicht nehmen.

In Athen war die große Zahl der Festtage eine große Unzuträglichkeit. Bei diesem herrschenden Volk, vor das alle Städte Griechenlands ihre Streitigkeiten brachten, konnte man all diesen Ansprüchen gar nicht gerecht werden.

Als Konstantin der Große (und endgültig erst Leo III.) bestimmte, dass sonntags alle Arbeit ruhen sollte, gab er diesen Befehl für die Städte und nicht für die Landbevölkerung: Er fühlte es, dass in den Städten die nützlichen und auf dem Land die notwendigen Arbeiten gemacht werden.

Aus demselben Grund muss in den Handel treibenden Staaten die Zahl der Festtage mit den Ansprüchen dieses Handels im Einklang stehen. Die protestantischen und die katholischen Länder sind so gelegen, dass man in ersteren mehr auf die Arbeit angewiesen ist als in den letzteren: Also passte die Unterdrückung der Feste mehr für die protestantischen als für die katholischen Länder.

Dampier bemerkt (in seiner »Neuen Reise um die Welt«, 1697), dass die Unterhaltungen der Völker nach dem Klima sehr verschieden sind. Da die heißen Himmelsstriche sehr viel zarte Früchte erzeugen, benützen die Völker, weil sie das Notwendige mühelos vorfinden, mehr Zeit, um sich zu belustigen. Die Indianer in kälteren Strichen haben nicht so viel Muße. Sie müssen unaufhörlich jagen und fischen. Bei ihnen gibt es also wenig Tänze, Musik, Festaufzüge, und eine Religion, die bei diesen Völkern Fuß fassen wollte, müsste bei der Einsetzung ihrer Feste darauf Rücksicht nehmen.

24. Von den religiösen Lokalgesetzen

Es gibt in den verschiedenen Religionen viele Gesetze von örtlich beschränkter Wirkung. Wenn Montezuma so hartnäckig wiederholte, dass die Religion der Spanier für ihr Land gut wäre und die mexikanische für sein Land, sagte er keine Ungereimtheit, weil die Gesetzgeber tatsächlich nicht umhingekonnt haben, auf das Rücksicht zu nehmen, was die Natur vor ihnen festgesetzt hatte.

Die Lehre von der Seelenwanderung ist wie gemacht für das indische Klima. Die übermäßige Hitze verbrennt alle Felder, man kann dort nur wenig Vieh halten. Man ist immer in der Gefahr, keines für die Feldarbeit zu haben. Die Rinder vermehren sich dort nur mäßig und sind vielen Krankheiten unterworfen. Ein Religionsgesetz, das sie schont, entspricht also sehr den Bedürfnissen des Landes.

Während die Weiden dort verdorren, wachsen Reis und Gemüse dank des für sie verwendbaren Wassers sehr üppig. Eine Religion, die nur diese Nahrung gestattet, ist den Bewohnern jenes Erdstrichs sehr nützlich.

Das Fleisch der Tiere ist dort nicht schmackhaft. Dagegen bilden Milch und Butter einen wesentlichen Bestandteil ihrer Nahrung. Das Gesetz, das den Genuss von Rindfleisch verbietet, ist also nicht unvernünftig für Indien.

25. und 26. (Aus Abschnitt 24 folgt, dass es sehr oft unzuträglich ist, eine Religion von einem Land je in ein anderes zu verpflanzen.)

Buch 25

Die Gesetze in ihren Beziehungen zu den Einrichtungen der Religion eines jeden Landes und seiner äußeren Regierung

1. Von dem religiösen Gefühl

Der fromme Mensch und der Gottesleugner sprechen immer von der Religion. Der eine spricht von dem, was er liebt, der andere von dem, was er fürchtet.

2. Von dem Grund der Zuneigung zu den verschiedenen Religionen

Die verschiedenen Religionen der Welt geben ihren Bekennern nicht die gleichen Motive der Anhänglichkeit an sie. Das hängt viel von der Form ab, in der sie sich mit der natürlichen Denk- und Empfindungsweise der Menschen abzufinden wissen.

Wir sind sehr zum Götzendienst geneigt, und doch hängen wir nicht sehr an den götzendienerischen Religionen; wir sind kaum zu rein geistigen Abstraktionen geneigt, und doch hängen wir sehr an den Religionen, die uns ein geistiges Wesen anbeten lehren. Es ist ein glückliches Gefühl, das zum Teil aus der inneren Befriedigung entspringt, dass wir intelligent genug gewesen sind, eine Religion gewählt zu haben, welche die Gottheit aus der Erniedrigung zieht, wohinein die anderen sie verwiesen haben. Wir betrachten den Götzendienst als die Religion der rohen Völker und die Verehrung eines geistigen Wesens als die der aufgeklärten.

Wenn wir mit der Vorstellung von einem höchsten geistigen Wesen noch zu unseren Sinnen sprechende Vorstellungen verbinden können, die ihre Stelle im Kult einnehmen, so gibt uns das eine große Anhänglichkeit an die Religion, weil die Beweggründe, von denen wir eben geredet haben, sich mit unserer natürlichen Neigung für unsere Sinne ansprechende Dinge decken. So besitzen denn auch die Katholiken, die mehr dergleichen sinnfällige Dinge in ihrem Kult haben als die Protestanten, auch eine viel unbesiegbarere Anhänglichkeit an ihre Religion als die Protestanten an die ihre und sind eifriger auf ihre Verbreitung bedacht als jene.

Wenn eine rein geistige Religion uns noch die Vorstellung gibt von einer Erwählung und Auszeichnung, welche die Gottheit ihren Bekennern vor den Andersgläubigen angedeihen lässt, so macht uns das umso anhänglicher an diese Religion. Die Mohammedaner würden nicht so gute Muselmanen sein, wenn es nicht einerseits götzendienerische Völker gäbe, die ihnen den Gedanken erwecken, sie seien die Rächer des einigen Gottes, und andrerseits die Christen, um sie glauben zu machen, sie seien die Auserwählten Gottes.

Eine Religion, die viele Andachtsübungen verlangt, fesselt mehr als eine andere, die das nicht tut. Man hängt viel mehr an den Dingen, mit denen man ununterbrochen beschäftigt ist: Beweis sind die zähe Hartnäckigkeit der Mohammedaner und der Juden sowie die Leichtigkeit, mit der wilde Völker ihre Religion aufgeben, weil sie, immer mit Jagd und Krieg beschäftigt, sich mit Andachtsübungen nicht abgeben.

Die Menschen sind sehr geneigt, zu hoffen und zu fürchten. Eine Religion, die weder Hölle noch Paradies kennte, würde ihnen kaum gefallen können. Das erkennt man an der Leichtigkeit, mit der fremde Religionen sich in Japan haben niederlassen können, und dem Eifer, mit dem man sie dort aufgenommen hat.

Damit eine Religion fesselt, muss sie eine reine Sittenlehre haben. Die Menschen, die im Einzelnen Spitzbuben sind, sind im Großen sehr ehrenwerte Leute. Sie lieben die Sittlichkeit, und wenn ich nicht einen so ernsthaften Gegenstand behandelte, würde ich sagen, dass man das sehr gut auf dem Theater sieht: Da ist man sicher, seinem Publikum zu gefallen, wenn man die allgemein anerkannten Sittenanschauungen vertritt, und sicher, es vor den Kopf zu stoßen, wenn man sie verwirft.

Wenn der äußere Kult eine große Pracht hat, schmeichelt uns das und gibt uns größere Anhänglichkeit für die Religion. Der Reichtum der Gotteshäuser und der Geistlichen machen uns großen Eindruck. So ist die Armut des Volkes selbst ein Beweggrund, der es an die Religion knüpft; denen, die es in diese Armut versetzt haben, hat die Religion dabei zum Vorwand gedient.

3. Von den Gotteshäusern

Fast alle staatlich organisierten Völker wohnen in Häusern. Daher der Gedanke, Gott auch ein Haus zu bauen, wo sie ihn anbeten und in ihren Sorgen und Hoffnungen aufsuchen können. Nichts ist in der Tat so tröstlich für die Menschen wie ein Ort, wo die Gottheit ihnen näher ist, wo sie alle zusammen ihrer Schwäche und ihrem Elend Worte verleihen können.

Da die Gottheit die Zuflucht der Unglücklichen ist und es keine unglücklicheren Menschen gibt als die Verbrecher, ist man natürlich geneigt gewesen, die Tempel als ein Asyl für sie zu betrachten, und diese Vorstellung schien besonders natürlich bei den Griechen, wo die Mörder, aus ihrer Heimat und der Nähe der Menschen vertrieben, keine andere Wohnstätte als den Tempel und keine anderen Beschützer als die Götter zu haben schienen.

Das galt ursprünglich nur für die unfreiwilligen Mörder. Aber als man es auch auf die großen Verbrecher ausdehnte, verfiel man in einen groben Widerspruch: Denn wenn sie die Menschen gekränkt hatten, hatten sie noch weit mehr die Götter gekränkt.

(Das war ein Punkt, wo die bürgerlichen Gesetze eingreifen mussten.)

5. Die Grenzen, welche die Gesetze dem Reichtum des Klerus setzen müssen

Einzelne Familien können aussterben: Also sind da die Reichtümer nicht für immer festgelegt. Die Geistlichkeit ist eine Familie, die nicht aussterben kann; ihre Reichtümer sind also für immer festgelegt.

Einzelne Familien können sich vermehren; also müssen ihre Reichtümer auch wachsen können. Der Klerus ist eine Familie, die nicht wachsen darf: Also müssen seine Reichtümer beschränkt sein.

(Diese Aufstellung ist irrig, da mit wachsender Bevölkerung natürlich auch die Zahl der Geistlichen wachsen muss und mit ihr auch die Mittel zu ihrem Unterhalt. Montesquieu verlangt aber im Anschluss daran mit Recht, dass man das Wachsen des Besitzes der Toten Hand ins Ungemessene hindern und die Geistlichkeit für ihren Besitz zur Beteiligung an den Steuern und Abgaben heranziehen soll.)

6. Von den Klöstern

Das geringste Maß gesunden Menschenverstandes verlangt, dass diese Körperschaften, die sich ohne Ende erneuen, ihren Besitz nicht unter Vorbehalt des lebenslänglichen Niesbrauchs verkaufen noch Besitz auf Lebenszeit entleihen dürfen, wenn man nicht will, dass sie sich zu Erben all derer machen, die keine Anverwandte haben, sowie derer, die keine haben wollen. Diese Leute spielen gegen das Volk und sie halten auch noch die Bank gegen es.

7. Von dem Luxus des Aberglaubens

(Unter vorsichtiger Verschleierung und dem Vorgeben, von griechischen und römischen Verhältnissen zu reden, wird der kirchliche Luxus verurteilt und auf Gesetze Solons, Numas, Platons und Ciceros gegen ihn hingewiesen.)

Die Sorgfalt, welche die Menschen darauf verwenden müssen, der Gottheit einen Kult zu weihen, ist sehr verschieden von der Pracht dieses Kultes. Bieten wir doch der Gottheit nicht unsere Reichtümer an, wenn wir ihr damit nicht etwa zeigen wollen, wie hoch wir die Dinge schätzen, die sie uns verachten heißt!

Die Religion darf nicht unter dem Vorwand von Geschenken den Völkern auch das noch abverlangen, was ihnen die Ansprüche des Staates lassen, und, wie Plato sagt, keusche und fromme Menschen müssen Gaben darbringen, die ihnen gleichen.

9. und 10. Von der Duldsamkeit in der Religion

Hier reden wir als Politiker, nicht als Theologen, und selbst für die Theologen ist noch ein Unterschied zwischen Dulden und Billigen.

Wenn die Gesetze eines Staates geglaubt haben, mehrere Religionen dulden zu dürfen, so müssen sie diese auch zwingen, sich gegenseitig zu dulden. Es ist ein Grundsatz, dass jede Religion, die unterdrückt wird, gegebenenfalls selber zur Unterdrückerin wird.

Da fast nur die unduldsamen Religionen eine Neigung haben, sich auch anderswo niederzulassen, insofern eine Religion, welche die anderen dulden kann, nicht an ihre Verbreitung denkt, würde es ein sehr gutes Gesetz sein, wenn der Staat, der mit der bestehenden Religion zufrieden ist, die Einrichtung einer neuen nicht duldet. (Doch schon bestehende Religionen sollen geduldet werden.)

13. Höchst unterwürfige Vorstellung an die Inquisitoren in Spanien und Portugal

Ein achtzehnjähriger Jude, der in Lissabon bei dem letzten Autodafé verbrannt wurde, veranlasste folgende kleine Schrift, und ich glaube, dass nie eine zwecklosere geschrieben worden ist. Denn wenn es sich darum handelt, so klare Dinge erst noch zu beweisen, ist man sicher, nicht zu überzeugen.

»Ihr beklagt euch, dass der Kaiser von Japan alle Christen in seinen Staaten verbrennen lässt. Er wird euch antworten: Wir vergelten nur Gleiches mit Gleichem. Ihr könnt euch höchstens über eure Schwäche beklagen, die euch hindert, uns zu vernichten, und bewirkt, dass wir euch vernichten.

Aber ihr seid grausamer als dieser Kaiser. Wir denken, dass Gott sein auserwähltes Volk noch liebt, und ihr denkt, dass er es nicht mehr liebt. Und weil ihr so denkt, tötet ihr mit Feuer und Schwert die, welche in dem so verzeihlichen Irrtum sind zu glauben, dass Gott noch liebt, was er einst geliebt hat.«

(Selbst dazu macht Montesquieu noch die vorsichtige Anmerkung am Fuß der Seite: »Das ist die Quelle der Verblendung der Juden, dass sie nicht fühlen, dass auch das Evangelium seine angewiesene Stelle im Haushalt Gottes hat und dass es also eine Folge seiner Unveränderlichkeit ist.«)

»Wir beschwören euch nicht bei dem allmächtigen Gott, dem wir und ihr beide dienen, sondern bei dem Christus, von dem ihr uns erzählt, er habe menschliche Gestalt angenommen, um euch Beispiele zu geben, denen ihr folgen könntet. Wir beschwören euch, so zu handeln, wie er selbst handeln würde, wenn er noch auf Erden weilte. Ihr wollt, dass wir Christen sein sollen, und ihr wollt es selbst nicht sein. Aber wenn ihr nicht Christen sein wollt, seid wenigstens Menschen!

Wir müssen euch auf eins aufmerksam machen: Wenn in späteren Zeiten jemals jemand zu sagen wagt, dass in unserem Jahrhundert die europäischen Völker auf einer hohen Stufe der Kultur gestanden hätten, wird man euch als Beweis dafür anführen, dass sie Barbaren gewesen sind, und die Vorstellung, die man von euch haben wird, wird eine solche sein, dass sie Schande über euer Jahrhundert verbreiten und allen euren Zeitgenossen den Hass der Nachwelt zuziehen wird.«